江苏大运河文化名片

政协江苏省委员会 编

江苏凤凰美术出版社

中国大运河图

北京市

天津市

廊坊

河北省

沧州市

石家庄市

衡水市

德州市

黄河

邢台市

聊城

济南

山东省

邯郸市

泰安市

安阳市

济宁市

鹤壁市

焦作市

河

新乡市

枣庄市

洛阳市

郑州市

开封市

商丘市

徐州市

宿迁市

河南省

淮北市

淮安市

江苏省

宿州市

安徽省

扬州市

镇江市

合肥市

南京市

常州市

长

无锡市

苏州市

湖州市

嘉兴市

江

杭州市

绍兴市

宁波市

浙江省

渤海

黄海

序

　　大运河作为中华文明的重要标识，承载着中华民族的悠久历史和灿烂文化，是世界文化遗产。党的十八大以来，以习近平同志为核心的党中央高度重视大运河文化保护、传承、利用工作，习近平总书记多次作出重要指示，强调"大运河是祖先留给我们的宝贵遗产，是流动的文化，要统筹保护好、传承好、利用好"。2020 年 11 月，习近平总书记视察江苏时指出："千百年来，运河滋养两岸城市和人民，是运河两岸人民的致富河、幸福河。希望大家共同保护好大运河，使运河永远造福人民。"这为我们高标准高水平高品位推进大运河文化带建设指明了前进方向，提供了强大动力。

　　大运河江苏段是中国大运河全线开凿时间最早、沟通水系最多、覆盖地域最广、通航里程最长、文化积淀最深的河段。江苏省委、省政府坚决贯彻落实习近平总书记重要指示精神，按照国家规划纲要要求，把高质量推进大运河文化带和国家文化公园建设纳入工作大局，摆上重要位置，明确沿大运河地区突出文化为魂和生态优先，一体建设高品位、高颜值、高水平的文化长廊、生态长廊、旅游长廊，打造江苏美丽中轴。

　　近年来，江苏省政协聚焦省委、省政府中心工作，围绕加快推进大运河文化带和大运河国家文化公园建设，组织委员开展调研考察，召开专题协商座谈会；广大政协委员认真撰写提案，积极建言献策，形成了一批有分量的研究成果，积极助推打造中国大运河最繁华、最精彩、最美丽的"江苏名片"。推进大运河保护、传承、利用，已成为全省政协组织和政协委员的一份文化情怀和历史担当。

为充分展示大运河江苏段的独特魅力，讲好江苏大运河故事，我们组织编写了《江苏大运河文化名片》一书。本书以大运河江苏段主干线流经城市为主体，集中展现江苏大运河文化的历史厚重和时代风采，意在使社会各界更多地了解中国大运河的历史，提高保护好、传承好、利用好大运河文化的行动自觉。江苏人民在历史上创造过大运河文化的繁荣，我们坚信，在习近平新时代中国特色社会主义思想指引下，江苏人民一定能再铸大运河文化新的辉煌，让千年运河留下新时代的江苏印记，造福当代、惠泽千秋！

《江苏大运河文化名片》编委会

2020 年 12 月

目录

扬 州

镇 江

常 州

无 锡

苏 州

人间天堂因水起 烟波春色看姑苏

拓展辐射带

璀璨运河今胜昔　水韵江苏展新姿

　　中国大运河是"流动的文化"，世界文明的瑰宝。大运河流贯江苏2500余年，承黄河，挽长江，联湖抱山，拥城望海，润泽沃野千里，映带街市明珠，舳舻相继，风帆不绝，融汇汉风吴韵，流布淮扬风情。江苏因"运"而兴，生生不息。

　　习近平总书记指出，"大运河是祖先留给我们的宝贵遗产，是流动的文化，要统筹保护好、传承好、利用好"。2020年11月，习近平总书记视察江苏，强调要把大运河文化遗产保护同生态环境保护提升、沿线名城名镇保护修复、文化旅游融合发展、运河航运转型提升统一起来，为大运河沿线区域经济社会发展、人民生活改善创造有利条件。江苏人民牢记习近平总书记的嘱托，拥千年才智和现代理念，同心奋进新征程，正把大运河江苏段打造成美丽江苏的华彩中轴线。

水利工程创奇迹　运河城市展异彩

　　中国大运河是世界上里程最长、规模最大、活态化利用最好的人工水道，也是中国人民勤劳智慧的重要标志。在2500多年的历史长河中，大运河有力地推动了南北货物运输、人文交流和国家的统一治理。如果说长城是中华大地上沉稳的一撇，那么大运河就是飘逸的一捺，构成了华夏版图上壮丽的"人"字。中国大运河是世界水利工程史上的奇迹。这条奔流千年的大河，催生无数城市崛起，改善沿岸百姓生活，造就悠远民俗风情，成为中华优秀传统文化厚重的组成部分。2014年6月22

日，中国大运河正式成为中国第 46 个世界遗产项目。其中，江苏作为大运河的起源地，有河道 6 段、历史遗存 22 处列入世界遗产点段，占比达 40%。

大运河江苏段位于大运河中部，包括京杭大运河江苏段和通济渠（汴河）江苏段，纵贯南北 790 公里，在大运河全线通航里程最长，列入世界文化遗产点段最多，保存状况最好，利用率最高。

大运河最早从江苏开凿。公元前 486 年，吴王夫差为了北通中原，下令开挖一条源起邗城（扬州），北达末口（淮安）的邗沟，沟通长江与淮河。明朝中叶以后，黄河经常决口，淮安、徐州间黄河干流及其向北的运河水量不足，不仅迂缓难行，而且非常危险。长江流域的军旅乘船北上，到淮安下船后上车马，黄河流域的军旅乘车马南下，到淮安下车马后上船。"南船北马、辕楫交替"，淮安作为运河时代交通枢纽的地位就此奠定。开凿运河最初是为了军事行动，但大运河后来的运输功能远胜军事。西汉前期，吴王刘濞在邗沟基础上，增开一条支线茱萸沟，连接海陵仓（泰州市区），当时的海陵县域还包括现在的如皋、海安、东台等市县在内，直通大海用于转漕和运盐，这是通扬运河的前身。

两汉时期，大运河江苏段得到持续的开发、改造和维护，带动运河沿线城市逐渐兴起，北起彭城（徐州），中继淮阴（淮安）与广陵（扬州）、丹徒（镇江），经毗陵（常州）、无锡，南达吴县（苏州）。沿线还分布着下相（宿迁）、平安（宝应）、高邮、江都、曲阿（丹阳）等城镇。同时，由泗水、淮河、邗沟、长江、江南运河、茱萸沟等水道与一系列天然湖泊连接，贯穿江苏全境的运河网络臻于成熟。运河的支线也在扩展。公元 245 年，定都建业（南京）的孙吴政权，为避长江天险，开凿破冈渎，连通秦淮河、江南运河，使南京与大运河关系更加密切。

隋朝时期，开凿通济渠、永济渠、整治邗沟，疏浚江南运河，以洛阳为中心，北抵涿郡（北京），南至余杭（杭州），建成了沟通海河、黄河、淮河、长江、钱塘江五大水系的中国大运河体系。大运河上"商船往返，船乘不绝"。作为国家经济命脉，大运河江苏段沿线众多的转运仓、钞关等遗存，见证了物资接力进京的水运盛况。隋唐宋时期的漕运、盐运贸易，又进一步促进了运河城市的发展，苏州、常州、润州（镇江）、扬州、楚州（淮安）、徐州等城市都相当繁华。北宋著名的文学家、书画家苏东坡是四川眉山人，对常州情有独钟，一生十余次由运河水路舟行来到常州，终老在常州藤花旧馆。他在常州推动当地文化教育发展，他的审美心性和美学观，对后世常州文化有着积极影响，常州人为纪念苏东坡，在其泊舟之处建"舣舟亭"，千百年未曾更易。

大规模改造大运河发生于13世纪的元代。以京城大都（北京）为北端，以杭州为南端的京杭运河改线。明永乐年间，开凿清江浦（淮安市清江浦区），避开山阳湾行船之险。明清时期，江淮经济发达，以漕粮为主的江淮物资，通过运河往北输送，江南运河与长江交汇，需要解决高水位差、高流速的安全渡江问题，黄河决堤对运河构成的风险也主要集中在该段，淮安至宿迁、徐州段与黄河相搏相生，留下了大量的文化遗产。国家高度重视江苏段运河的维护与治理。明清时期，江苏境内常设三员总督，一员在江宁府（南京，两江总督），两员在淮安（漕运总督、河道总督），两江总督后来也兼管江南河道水利，大运河的重要性可见一斑。

因靠近盐粮产区，大运河在给国家输送财源的同时，也带动民间商贸的兴盛。漕运经济繁荣时期，淮安、扬州、苏州、杭州是中国大运河沿线的四大都市，"南有苏杭、北有淮扬"。淮安是漕运之都，明清时确立了以内河为主的漕粮运输制度，成为大运河沿线的漕运指挥中心、河道治理中心、漕船制造中心、粮食储备中心、淮北食盐集散中心；扬州因大运河而富甲天下，唐朝时成为东南第一大都会，全国四大盐场之一，盛景一直持续到清末。大运河扬州段的世界遗产点段也多数与盐商贸易有关，南宋文学家、史学家洪迈曾写道，"唐代扬州商贾如织，故称'扬一益二'，谓天下之盛，扬为一而蜀次之也。"苏州的运河经济，明清时期发展进入鼎盛，"五更市贾何曾绝，四远方言总不同"的诗句是对当时姑苏繁华景象的描绘，清代小说家曹雪芹在《红楼梦》开篇中写运河入苏州的阊门、山塘，"最是红尘中一二等富贵风流之地"。枫桥一带是米豆交易市场，商市从"吴阊到枫桥，列市二十里"，每年米豆交易量达百万石。

无锡、常州、镇江以及淮北沿线的徐州、邳州、宿迁等城市也因运河而兴，农业、盐业、手工业均得到大发展，集市码头、商业会馆林立，人文荟萃。南来北往的旅人中，有不少是海外使者，圆仁、成寻、马可·波罗、利玛窦等都曾留下他们笔下的江苏运河故事。《马可·波罗游记》记录了淮安、宝应、扬州、镇江、泰州等城市的景象：淮安"是一甚大城市……此城制盐甚多，供给其他四十城市之用，由是大汗收入之额甚巨"。宝应"货币为纸币……有丝甚饶，用织金锦丝绢，各类多而且美"。镇江"居民臣属大汗，使用纸币，恃商工为活，产丝多，以织数种金锦丝绢，所以见有富商大贾"。泰州"自海至于此城，制盐甚多，预备运往汗八里城（北京），以作大汗朝廷之用"。从中可窥见运河城市营城兴业的盛况。

大运河江苏段的运河支线，也在不断发展更新。始于西汉时期的老通扬运河，全长159公里。中华人民共和国成立以后，扬州、盐城、泰州、南通11县先后共有60万民工上阵，多次施工，修成全长90公里的新通扬运河。建成江都抽水站，实现江苏江水北调、泽被整个里下河地区，成为国家南水北调工程东线输水源头。近年来，从宝应京杭大运河段引水，通过管道和泵站输水到盐城，让盐城居民喝上了长江水；宿迁—连云港运河上游船闸开始施工，运河开通后江苏北部和山东南部将新增一条出海通道。从古到今，大运河网络哺育了江苏的城市和乡村，江苏发展经历了从"运河时代"到"江海时代"的变迁，逐步形成了"沿运、沿江、沿海"的城市群格局。

历史积淀铸底蕴　文化标识耀古今

国家《大运河文化保护传承利用规划纲要》提出，沿大运河打造京津、燕赵、齐鲁、中原、淮扬、吴越六个文化高地，江苏兼得其三。徐州承楚汉文化而接中原，淮安扬州共拥淮扬，沿沪宁线诸城以吴文化而得座吴越。运河串起城市明珠，城市经济的繁荣促进了江苏地域文化的兴盛。自古便有"天下英才，半数尽出江南"之说，江苏书院、藏书馆林立，科举人才数量众多，教育文化、学术思想极为发达。人河相依的水网环境和经济保障国家繁荣的传统，造就了江苏人的家国情怀。从北宋苏州知州范仲淹的"先天下之忧而忧，后天下之乐而乐"，到明末无锡东林书院的对联"风声雨声读书声，声声入耳；家事国事天下事，事事关心"，无不体现江苏人胸怀天下的使命担当。苏州昆山人、清代学术宗师顾炎武，提出"天下兴亡、匹夫有责"的主张，开启了求真务实的学术新风。扬州学派注重经世致用，泰州学派主张思想启蒙，常州学派开近代改良思想之先风。常居江苏的龚自珍、魏源等主张变革、学习西方，"师夷长技以制夷"，展示了江苏文化"融汇天下、开放包容"的视野格局。

中国文学史上许多名著与大运河江苏段有着深厚的渊源关系。南北朝时期，北方大量文人南迁，江苏是南朝齐梁文化的发源地和中心。《昭明文选》由南朝梁武帝的长子萧统组织文人编选，是中国现存最早一部诗文总集，收录自周代到六朝梁之前，七八百年间130多位作者的诗文作品700余篇，被视为文学的教科书，千余年来流传不衰，构成了江苏文学史上第一个璀璨高峰。元末明初文学家、兴化人施耐庵主张"写书劝世"，不仅自己写了《水浒传》，还与弟子罗贯中一起研究《三国演义》；明代文学家、淮安人吴承恩创作了《西游记》，构思新奇、想象丰富；清代文学家、南京人曹雪芹受到大运河文化的哺育，将封建家庭悲剧体验熔铸到小说《红楼梦》的写作中，塑造了众多具有典型性格的人物形象。

近代，大运河通江达海，由运河、港口、码头构成发达的水运交通运输体系。苏州、无锡、常州、南通、泰州成为中国民族工商业重要发祥地，以张謇、荣氏兄弟、刘国钧等为代表的一大批民族实业家，拉开了江苏工业化的序幕。无锡六大民族资本集团无一例外地将厂房、仓库等建在运河边上，省级文物保护单位北仓门有百年历史，曾是江南规模最大的蚕丝仓库。当年，江苏、浙江、安徽三省的蚕丝经运河码头运到这里储存，加工成绫罗绸缎，再通过火车运到上海。近代民族工商业之所以能够在大运河边扎根，除运输便利、交通成本低等自然条件外，人文因素起着巨大的推动作用。明、清两朝，江苏运河沿线状元、进士辈出，受本地吴学的影响，经世致用思想盛行。清代末年，南通状元张謇主张"实业救国"，代表了那个时代江苏民族资本兴起的呼声。

习近平总书记考察调研南通时，专门了解张謇兴办实业、教育和社会公益事业的情况，指出在当时内忧外患的形势下，作为中华文化熏陶出来的知识分子，张謇意识到落后必然挨打，实业才能救国，提倡实干兴邦、起而行之，引进先进技术和经营理念，积极兴办了一系列实业、教育、医疗和社会公益事业，帮助群众、造福乡梓，是我国民族企业家的楷模。

中国共产党成立初期和大革命时期，江苏是开展革命斗争的重要区域，创造了丰富的红色文化资源。先后涌现出周恩来（淮安）和瞿秋白、张太雷、恽代英（常州三杰）等中国共产党的早期领导人，他们受运河文化滋养，心怀救国、救民的远大志向。刘少奇领导开辟苏北抗日根据地，陈延年、赵世炎、邓中夏、陈毅、粟裕等曾在江苏从事革命活动。新四军东进北上抗日、淮海战役、渡江战役等重大历史事件与江苏密切相关。江苏大地上，经长期革命历程熔铸而成的周恩来精神、雨花英烈精神、新四军铁军精神、淮海战役精神，是中华民族精神谱系中永恒的标识。目前，江苏拥有革命历史类纪念设施、遗址 1700 多处，省级爱国主义教育基地近 200 家，红色文化资源是江苏运河文化的重要组成部分，在实现中华民族伟大复兴的征程中，它们不仅仅属于江苏，更是全国人民奋发进取的力量源泉。

江苏的人文精神中，由运河水系孕育的集体主义精神是突出的文化特质。水利在历朝历代都关系江苏乃至国家经济的命脉，大型水利工程需要集体协作。无论是唐宋时期修建海塘、加固海堤，还是明、清两朝治理黄河、淮河、大运河水患，均需要国家主导、全民动员。江苏水运发达，漕运、盐运的船队浩浩荡荡，定期开闸过坝时要步调一致、统一行动。沿海地区的盐民在特殊的地域内生产、生活，需要组织起来形成团队，集体劳作培养了协作精神。费孝通先生在《江村经济》一书中，剖析了

20世纪30年代江南运河村庄——吴江开弦弓村农民合作经济的文化渊源，50年代农业合作化加强了这种集体主义精神，80年代农村社队企业也是以村组集体为单位。运河文化基因在改革开放后演变出以集体经济为单元的"苏南模式"，成为中国乡镇企业"异军突起"中耀眼的明珠。社会生活方面，运河沿岸各种民俗活动，如唱和民歌、龙舟、祭祀、庙会等均属集体活动，妇孺皆宜，乐在其中。

多元地域文化在江苏不断沿运河交汇融合，你中有我、我中有你，既有共性，也有个性。徐州、宿迁为楚汉文化中心城市，处于中国南北过渡地带，历来为兵家必争之地，民风粗犷豪迈、重情重义。其间成长、生活过的刘邦、项羽、萧何、张良等英雄人物的传奇故事，为江苏的水韵芳华挥洒上雄浑的一抹。宿迁是清乾隆皇帝六下江南五次驻跸的地方，"第一江山春好处"的题跋是他对宿迁的赞誉。大运河在宿迁段曾三次改道，留下三个历史阶段不同主航道的遗迹，皂河龙王庙行宫、项王故里、文昌阁等都是重要的历史文化遗存。

淮安、扬州、镇江为淮扬文化中心城市。淮扬文化高地是大运河江苏段文化遗产分布最密集、价值最重要的区域。楚汉文化和吴文化在江淮区域充分交融。在漫长的历史长河中，江淮城市屡废屡兴，战乱时涌入北方移民，和平时商旅聚集，休闲文化盛行。淮剧和淮扬菜烹饪等兼收南北所长，是广为人知的"非遗"，徽班从扬州进京，发展成京剧并传唱至今。以《西游记》《老残游记》《子虚记》《笔生花》为代表的文学艺术创作领风气之先，"望社"诗人作品为"南北词流所宗"。漕运文化、盐运文化、水工文化、渡口文化、商事文化、朴学、医学文化、绘画、民俗宗教文化蔚为壮观。总督漕运公署、清口水利枢纽、刘堡减水闸、盂城驿、邵伯古堤等是著名的世界遗产点。淮河入海水道淮安枢纽、江都水利枢纽是当代水利工程，与古代水利工程相互辉映。其间，古人和今人的智慧、治水思想、方略、工程技术等相互激荡，丰富着淮扬文化的思想内涵。

淮扬段运河沿线市镇景观丰富、园林遗存众多。淮安园林有南秀北雄的特点，清晏园是当年的户部分司公署和江南河道总督署西花园，距今600多年历史，有"江淮第一园"之称。河下古镇因盐业兴旺，兴起过百座私家园林。扬州拥有十里长街和大明桥、广济桥等24座桥梁。扬州园林是江南园林的典型，清代有扬州园林甲天下之说。唐代诗人李白的名篇之一《黄鹤楼送孟浩然之广陵》诗云"烟花三月下扬州"，将明媚春色和东南形胜融合在一起。唐代诗人杜牧留下"春风十里扬州路""二十四桥明月夜，玉人何处教吹箫"等千古名句。大运河扬州段是中国大运河最古老的一段，扬州是中国大运河的原点城市。

习近平总书记到扬州调研考察，沿扬州运河三湾段步行，称赞扬州是个好地方，依水而建、缘水而兴、因水而美，是国家重要历史文化名城。千百年来，运河滋养两岸城市和人民，是运河两岸人民的致富河、幸福河。长江与大运河在镇江交汇，因山水秀丽素有"城市山林"的美誉，清朝乾隆皇帝称之为"第一江山"。南宋爱国将领、镇江知府辛弃疾曾登上北固山，俯瞰滔滔江水，写下"何处望神州？满眼风光北固楼"，洋溢着赤诚的爱国情怀，在江苏文脉中闪烁着耀眼的光芒。镇江谏壁船闸是大运河上的"江南第一闸"，从这里开始的江南运河，每天船只不断，承担着繁重的运输任务。

常州、无锡、苏州为吴文化中心城市。吴地兼得长江、太湖的水利条件，自古农业发达，是水稻、桑蚕的主要产地。鱼文化、稻文化、井文化、丝绸文化、陶瓷文化、园林文化等物质文化，吴俗文化、吴派经学、吴门画派、常州画派、吴门医派、孟河医派、昆曲评弹等精神文化，在此地孕育生长。苏南港口是国人最早开启远洋之旅的出发地，唐代鉴真和尚东渡的出海口在张家港的黄泗浦，太仓港则是郑和下西洋船队起锚地和返航港口，代表了当年世界造船和航海技术的最高水平。吴王阖闾在苏州建都大城，距今2500多年。改革开放以后，苏州经济一直领跑江苏乃至全国。无锡的古运河被形容为"江南水弄堂、运河绝版地"，江南水乡风情和工商业文化的有机结合，是无锡最显著的文化特色。20世纪二三十年代，无锡依靠民族资本发展，是中国人更新观念，创新、创业、实业救国的实验场。

中华人民共和国成立后，"实业兴邦"的理念引领无锡经济不断创造出新的辉煌。常州历来是江南府州重地，隋唐以来富庶程度即与苏州并列，有些历史时期甚至超过苏州。清朝常州是对国家赋税贡献最多的地区之一，清康熙年间江宁巡抚慕天颜奏称："江南财赋甲天下，苏、松、常、镇课额尤冠于江南。"近代常州以轻纺机械工业闻名于世。改革开放以后，苏、锡、常成为乡镇企业的发源地之一，出现了农民集体办工业的创举，苏南运河沿岸码头林立而繁忙，加上不断发展的现代交通网络，推动外向型经济走向了世界，成为长三角城市群与长三角一体化的先行区，吴文化成为引领区域经济社会高质量发展的共同标识。

传承利用再发力　千年文脉创辉煌

习近平总书记在江苏视察时希望江苏"着力在改革创新、推动高质量发展上争当表率，在服务全国构建新发展格局上争做示范，在率先实现社会主义现代化上走在前列"。这是对江苏过去工作的肯定与未来发展的定位。将大运河打造成与长城齐名的代表中华文明的金名片，是国家对大运河文化带建设的目标要求，大运河文化带和大运河国家文化公园建设，江苏理应走在前列。

《江苏大运河文化保护传承利用规划纲要》把大运河流经的徐州、宿迁、淮安、扬州、镇江、常州、无锡、苏州8市，以及与大运河紧密相关的南京、泰州、南通3市列入规划，形成"8+3"总体布局。国家《长城、大运河、长征国家文化公园建设方案》将江苏段作为大运河国家文化公园的唯一重点建设区。江苏省委十三届八次全会强调："沿大运河地区，流淌着千年文化，运河今天仍然发挥着重要的航运水利功能，要系统推进历史文脉传承、生态环境修复、岸线景观塑造、绿色经济发展，一体建设高品位、高水平的文化走廊、生态走廊、旅游走廊，形成江苏的美丽中轴。"

推进大运河文化带建设，文化是灵魂和主线，加强文化遗存保护是第一位的要求。江苏段沿线是我国优秀传统文化高度富集的区域，集聚了大量的物质和非物质文化遗产，具有重要的文化地位和文化使命。习近平总书记指出："要古为今用，深入挖掘以大运河为核心的历史文化资源。"江苏高度重视运河文化遗产的"活化"利用，先后组织对沿线的非物质文化遗产项目进行抢救、整理，并在每年的"中国大运河非遗展"等活动中集中亮相。沿线城市根据地方运河文化特色，纷纷进行文化遗产的创新性保护、创造性传承。苏州通过推出具有地方特色的古胥门元宵灯会、江南船拳、白洋湾山歌等与运河相关的非遗民俗活动，彰显自然、社会、历史互动融合的大运河文化记忆；宿迁在对中运河边的金龙大王庙运河遗迹进行全面整治的基础上，推进了地方传统戏曲进校园和乡村传统文化精粹等工作；淮安对板闸遗址公园的文物本体实施带水保护，对榷关遗址和三元官等进行修缮和重新布展，并连续多年举办中国大运河文化带非物质文化遗产展，推动"非遗"进入寻常百姓家。

推进大运河文化带建设，需要建设人与自然和谐共生的绿色发展示范带。其中，做好水生态的保护和修复，涵养水质、改善生态，把大运河水变清最为关键。江苏提出并规划江淮生态大走廊建设，以大运河为主干，以扬州、泰州、淮安、宿迁、徐州等沿运河城市为主体范围，共建共享江淮生态大走廊。在"保护优先、生态引领"的前提下，打造世界跨流域生态廊道建设的样板区以及淮河流域东部生态屏障。洪泽湖是大运河水系的重要组成部分，古老的堤坝被誉为"水上长城"，是大运河的重要遗产点之一，担负着灌溉、抗洪排涝的重任。江苏出台《关于加强洪泽湖生态保护和科学利用的实施意见》，恢复洪泽湖湖区自由水面 50 平方公里以上，完成湿地修复约 10 平方公里，并且计划到 2025 年完成"退圩还湖"综合治理工程，进一步改善大运河水质，健全水利、交通、环境等基础设施。

大运河江苏段是航运价值最高的水道之一，河道整治是保证大运河一脉活水向北流的重点。江苏平均每年投入航道及船闸维护经费达 2-3 亿元，主要船闸货物通过量和货运密度超过莱茵河、多瑙河等国际知名河流。

不仅如此，大运河江苏段作为南水北调东线工程的主要通道，调水出省超过 40 亿立方米，解决了北方几千万人口的饮水问题。习近平总书记视察江苏时，强调要继续推动南水北调东线工程建设，完善规划和建设方案，确保南水北调东线工程成为优化水资源配置、保障群众饮水安全、复苏河湖生态环境、畅通南北经济循环的生命线。今后，要牢记总书记嘱托，"确保一江清水向北流"，严格管控大运河两岸的生活污水排放，完成好"263"环保专项行动，修复大运河生态，保护好水源。

为了缓解运河开发与遗产保护之间的矛盾，江苏始终坚持"城市建设服从古城保护，古城保护服从遗产保护"，依托大运河沿线的自然和文化景观，拓展多样化的公共文化服务空间，发掘沿线文化和旅游融合发展的新亮点。运河城市的旅游文化竞相争艳。徐州的"大汉雄风、豪情运河"，苏州的"天堂苏州、苏式运河"，都有鲜明特色。目前，扬州正在高起点推进以三湾公园为核心区域的大运河国家文化公园建设，扬州中国大运河博物馆建设有序进行。淮安凭借大运河文化带、淮河生态经济带和江淮生态经济区的叠加优势，打造"大运河传统文化习俗＋生态旅游"；镇江将新河街打造成"运河第一街"，呈现宋代以来南北文化交融的京口文化；无锡打造"蓉湖溯源""北塘米市"等八大文化主题景区，在老城区历史空间架构中注入吴文化内涵。

大运河自开通以来，便与国运休戚相关，古代生产力水平低下，开凿、疏浚和管理运河水系，对国家政治体系和社会经济条件的要求都相当高，国富民强时，开凿管理便事半功倍。反之，则事倍功半。现代的运河管理，要吸取前人的有益经验。历史上，大运河连通江苏全境，境内的城市都有自己独特的运河管理印记。除了现在运河主干线上的 8 个城市，老通扬运河泰州段，有海陵监"岁煮盐六十万石"的古称，以及与盐税文化关联的古税务街、税务桥、税碑亭等遗址遗迹 30 多处，还有名闻天下的粮食运输通道，唐代骆宾王曾感叹"海陵红粟，仓储之积靡穷"。老通扬运河南通段，是唐代淮南吴盐上输的必经之地，运河与盐文化、近代纺织业、近代水利、航运等有机结合，形成了南通运河文化地标。

与历史记忆、非物质文化遗产、文学艺术等相比,科技和生态是人类现代文明共同的语言。大运河申遗成功,与多处遗产点段展示的古代工程技术水平直接相关,江苏段保存了大运河从开凿迄今最为完整的文化遗产类型,航道和航运功能从最原始的功能、风貌到最现代化的风采都有呈现,保持着"活态"和工程性特征。清口枢纽水利设施、邵伯古堤水利设施等代表着古代科技最高水平,漕运总督署衙等代表着运河管理的制度体系,江都水利枢纽、南水北调逐级提升、翻水机站设施等则代表着现代科技成果。江苏段的文化保护、传承、利用工作,应古今联通、中外对话,不断推动生产生活方式绿色转型,在人类命运共同体格局下,提炼运河文化精髓。

大运河江苏段历史悠久、文物众多、文化灿烂,主干线流经的 8 个城市均为国家园林城市和中国优秀旅游城市,拥有 5A 级景区 13 个,占全省的 76.5%;省级及以上旅游度假区占全省的 70% 以上,优美的城市、园林景观和自然风光丰富了大运河江苏段的人文内涵。大运河文化带江苏段建设要深入贯彻落实好习近平总书记重要讲话指示精神,秉承"高品位的文化长廊、高颜值的生态长廊、高水平的旅游长廊"的建设目标,共同保护好大运河,使大运河永远造福人民,为扛起"争当表率、争做示范、走在前列"重大使命,开启全面建设社会主义现代化新征程,谱写"强富美高"新江苏建设新篇章作出新的更大贡献。

长江三角洲

大运河徐州段（窑湾古镇）

大运河宿迁段（姜涛　摄）

大运河淮安段（水上立交）（朱天鸣 摄）

大运河扬州段（江都水利枢纽工程）（贾传军　摄）

大运河镇江段（"和谐号"穿越大运河）（吴呈呈　摄）

大运河常州段

大运河苏州段（杭金玉 摄）

徐州

江苏大运河文化名片

汴泗交汇古彭城　楚韵汉风新都邑

　　徐州古称彭城，地处淮海经济区中心，东望黄海，西接中原，南屏江淮，北连齐鲁，地理位置优越，素有"五省通衢""九州转输"之称，有着4000年的航运史。历史上因扼守大运河咽喉要地，形成"东南漕运岁百万余艘，使船来往无虚日，民船贾舶多不可籍数"的盛况，日日上演着"舳舻千里，帆樯林立"的繁华场面。大运河傍城而过，在徐州境内约210公里，主航道北起微山湖蔺家坝，南至新沂市窑湾镇入骆马湖，大致沿不牢河和明清中运河前行，向东向南流经铜山区、鼓楼区、贾汪区、邳州市、睢宁县、新沂市等6个县（市）区。

运河名城徐州（张冰贤 摄）

大运河流经徐州示意图

水上运输（贾传军 摄）

清汴通淮泗　水路连京杭

　　古彭城（徐州）位于"汴泗交流郡城角"，自古就占据着通航运输的黄金水道。从北而来的泗水沟通黄河、济水、淮河、长江四大水系，西连中原腹地。《尚书·禹贡》记载，"海、岱及淮惟徐州……浮于淮、泗，达于河"，描述了上古时期徐州"纳贡"的船行路线。徐州历史上运河的开凿，最早约在西周时期，据《博物志》记载，徐偃王"欲舟行上国，乃沟通陈、蔡之间"，意思是徐偃王想要坐船前往中原国家，开凿沟通了由徐国通往陈、蔡地区的水道。徐国范围位于泗水中下游，大致覆盖以徐州为中心的苏北、鲁东南、皖东北区域。

汴泗交汇河口故址

古菏水的起点——沛县微山湖旧影（张冰贤　摄）

　　公元前486年和公元前484年，吴王夫差为了运兵北上，先后开挖了邗沟和菏水，使吴国水军能够"北属之沂，西属之济"。菏水沟通泗水和济水两大水系，延伸了徐州地区水道的通达度，沿岸城镇开始兴起，徐州境内沛县、彭城、下邳等位于交汇节点的城市，大放异彩。东汉明帝永平十二年（69），黄河决堤改道，湮塞汴水，严重影响漕运。皇帝下诏命王景治理黄河，修建汴渠。王景采取汴、河分治的办法，沿黄河两岸筑堤，限制黄河南侵，在汴水上修建水门，调节水量，使汴水复航，汴水、泗水再度成为江、淮向关洛地区运粮的要路。魏晋南北朝时期，汴水的航运条件较其他水道优良，曹操曾利用汴水古道征讨；东晋桓温也曾借助这条河道运兵北伐；南朝宋武帝刘裕伐秦，"自洛入河，开汴渠以归"，徐州成为水路交通要塞和兵家必争之地。

　　隋唐大运河开凿，全国性的运河系统形成。徐州古汴水之南开挖了一条新的

"汴水"，谓之"通济渠"，使徐州南部埇桥镇崛起为新的水路要道，北部徐州主城依托汴泗交流，依然属于航运要地。徐州本为粮食产区，又有漕运联北通南、直走西京，是资粮贸易转运的重地。此时，以彭城为治，设徐州总管府，下辖彭城、东海、下邳3郡，是居于州郡之上的高级权力机关。盛唐时，由于漕运实行分段联运方式，于彭城设仓，徐州为储运枢纽，遂有"积谷彭城"之誉。中唐以后，藩镇割据，徐州相继设徐泗濠节度使、武宁军节度使，在州则有刺史。其中张建封和张愔父子任徐泗节度使、徐州刺史将近20年，将这里建设成守卫漕运和屏障江淮的雄藩强镇。漕运分"纲"管理后，漕运航道分作江、汴、河、渭四段，每段漕船不相通联，在节点处设置大仓，徐州为汴河一段中转大仓，苏轼称为"南北之襟要，京东诸郡安危所寄"之地。宋代国家在境北设利国监冶铁，设宝丰监铸钱，每年产铁约180吨、钱40万缗。徐州共设7处商税务，每年征收商税6万余贯，位列京东西路各州第二。

大运河石刻（董祥作品）

徐州黄河故道镇河铁牛

明代燕桥

大沙河镇明清黄河大堤（高昌忠　摄）

徐州古黄河公园

　　元明开凿京杭大运河，徐州地处南北中心。江淮漕船由淮入泗，经徐州北上，输送京都，牵系着国家经济命脉。明代大运河全程分为7段，徐州段地处闸漕与河漕段。上游为闸漕，多建船闸，蓄水保航。下游为河漕，该段全长250公里，其中徐州段长度180余公里。徐州北部境山，因"古徐封境"而得名，在明代盛极一时，山下设梁境闸，有被誉为"赛苏州"的境山镇，山上建有"庙宇广阔，房舍众多"的大云寺等寺庙，成为运河进入徐州的地标，古人在山上刻石大书"淮海第一关"。元明时期，黄河与运河在徐州交流并汇，黄河带来了水患。国家加大对这一地区的水利建设，疏河筑堤，百樯千楫争流竞渡，日夜往来于黄水之上。当时，徐州码头停泊各类船只，城内客栈、酒楼、店肆、商号等一应俱全。国家在城南设徐州户部

境山上"淮海第一关"摩崖石刻（冯洪明　摄）

分司专司漕运与钞、税、仓务，后移于南门外戏马台，戏马台渐渐被人们称为户部山。明中后期，"避黄改运"，明万历三十二年（1604），泇运河（中运河北段）工程竣工，微山湖东南新开河道，新运河带动了沿途台儿庄等新兴城镇的发展。

清咸丰五年（1855），黄河改道山东利津入海，正河断流。徐州境内黄河河道漕运结束，其故道被称为"故黄河"或"废黄河"。运河从东改道，但徐州凭借运河古道仍存的通航之利和"五省通衢"陆路优势，仍然是周边地区的物资集散中心和重要商埠，并在清雍正时期升直隶州为府，提高了政治地位。靠近运河的窑湾、官湖等集镇愈加发达。清至民国初年，窑湾镇上常住人口3000多户，近30000人，建有商号、工厂、作坊360余家，并有多国、多省商人的商业会馆和商业代办处，传教士在此建有教堂，还有闻名遐迩的"夜猫集"。古窑湾建筑风格最具特色的是曲街、幽巷、碉堡式过街楼，民居以四合院居多，具有鲜明的徐州特色，现有名人

夕阳伴航行（鲁观平　摄）

大运河解台船闸

碑亭、古庙、古桥、古槐、古松等景观 20 多处，名特产有骆马湖银鱼和曾是宫廷贡酒的窑湾绿豆烧、调味佳品窑湾甜油等。

20 世纪上半叶，战事连年，运河经年淤塞，基本处于断航状态。中华人民共和国成立后，古运河在一系列的综合治理下焕发生机。1957 年，徐州市人民政府动员邳县、睢宁、新沂三县民工 27 万余人，对中运河扩挖河道，退建运河两堤。之后，

大运河刘山船闸

南水北调解台泵站

经过系列续建工程，该段运河航道达到二级标准。1958 年 6 月，徐州专区大运河指挥部成立，组织 8 市县分三期，历时 4 年对大运河不牢河段进行全线综合治理。全长 72 公里，全部按二级航道标准开挖，还兴建了蔺家坝、解台、刘山三个梯级枢纽工程及沿岸灌区闸渠、引排水涵洞，使大运河不牢河段成为集航运、防洪、供水、灌溉于一体的大型综合性河道。不牢河以上微山湖原为泗水故道，建成湖西航道，成为大运河的重要通道，古老泗水再现帆影。徐洪河是京杭运河的分流航道，1993 年全部完工。它与大运河首尾相接，连接微山湖与洪泽湖，成为大运河水源不竭的动脉网。

南水北调是国家战略性工程，徐州段实施的属于东线一期。该工程是在江苏省江水北调工程基础上的扩大规模、向北延伸，徐州境内利用中运河至不牢河和徐洪河双线输水，工程涉及洪泽湖至骆马湖段、骆马湖至南四湖段，境内输水干线全长 192.5 公里，工程总投资 33.81 亿元。相继建设了刘山、解台、蔺家坝、邳州、睢宁二站等 5 座送水泵站工程，南四湖姚楼河闸、杨官屯河闸、大沙河闸、骆马湖水资源控制闸等 4 座水资源控制工程，徐洪河、运河和南四湖下级湖抬高蓄水位等 3 项影响处理工程，徐州市和丰县、沛县、睢宁县、新沂市 4 县市 2 项尾水资源化利用及导流工程。工程建成后，徐州市每年增加供水量 10 亿立方米，有效缓解了用水压力。同时，南水北调相关的治污工程、尾水导流工程，改善了水体质量，增加了地方环境容量，连接了大运河、古黄河及横跨徐州市区北部的丁万河，经过治理由昔日的"龙须沟"变成风景秀美的"国家水利风景区"，为促进徐州实现"天更蓝、地更绿、水更清"的生态文明目标发挥了重要作用。

大运河蔺家坝节制闸（卞传桂　摄）

山河壮州府　慷慨有汉风

　　徐州由于在整个中国水陆交通上独特的优势，成为城市文明最早发育的地区之一。"自古彭城列九州"，徐州有着 5000 年的文明史，2600 年的建城史。自文明之初至两汉盛世，依汴傍泗、襟淮带沂的徐州城市史就是一部古都史，南北文化在这里融合交汇，水与城在这里命运交织，形成了独特的古都文化，拥有了楚韵汉风的气度。夏商西周时期，徐州境内是东夷方国的密集分布区，泗水流域有

徐州彭祖楼

莒、邳等国，沂水流域有钟吾国，泡水、汴水流域有丰国、萧国，丞水流域有逼阳国。这些历史悠久的方国，通过水系相勾连，创建了各自的文明，形成了徐州上古时期的"都市群"。春秋战国时代，徐州、邳州大部为宋地。有学者推测，为避开强敌魏国的压迫，从殷商时代就有逐水迁都传统的宋国曾顺汴流而下，将国都迁至彭城，使这一地区成为宋国新的发展中心。战国中后期，楚灭越，又与齐、魏瓜分宋国，徐州全境大部纳入楚国疆域，逐渐发展成楚文化的核心地区之一。西楚霸王项羽更是将国都定在彭城，在这里号令天下，指挥各路诸侯。徐州城北九里山，前望故黄河，东临大运河，是楚汉战争的重要地点，留下了"十面埋伏"的历史典故，同名的琵琶曲是中国十大古曲之一。

丰县汉皇祖陵（高昌忠 摄）

汉有天下，刘邦分封群臣及子孙，将韩信封为楚王，都下邳（今徐州睢宁县西北）。后来，将原楚国一分为二，西部仍为楚国。西汉王朝的建立，从两个方面划出了中华民族近 2000 年的发展方向，一是结束了上古的部族纷争、春秋战国割据和秦王朝的征服，中华民族开始了疆土和制度的统一。二是产生了中国历史上第一个布衣皇帝刘邦，国家的统治者开始关注政权的基础——小农经济者的利益。徐州经济社会在两汉时期进入鼎盛，以徐州为中心孕育形成的楚汉文化，逐渐融入黄河中下游地区的中原文化，并成为中华文化的重要源头和正统主流。徐州是两汉文化的起源地，也是各种汉文化资源最集中的代表地。其中，以"汉代三绝"，即汉兵马俑、汉墓、汉画像为代表，集中了古人的创造和智慧，极具艺术欣赏和考古价值。

汉室提倡以孝治国，生者企望逝去的祖先能够在另一个世界过上美好的生活，墓葬在数量和分布范围上都超过前代。目前，已发现的汉代墓葬有数万座，是我国出土

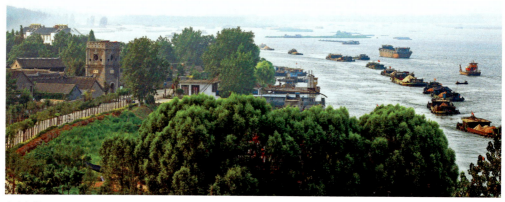

窑湾古镇

最多的墓葬群。汉代墓葬分布最多、影响最大的地区，除了西汉帝都长安和东汉帝都洛阳外，就是汉代的诸侯王墓。汉承秦制，实行郡县制，又分封诸侯，郡国交错。诸侯王国大者"夸州兼郡，连城数十""宫制百官，同制京师"。因此，汉初诸侯王墓仅次于帝陵，结构与帝陵相似，国内已经发掘的40余座汉代诸侯王墓中，徐州约占了1/5。楚王陵墓，凿石为室，穿山为藏，规模宏大，结构独特，是象征楚王权威的地下宫殿。徐州地区的汉诸侯王墓，分布于北洞山、龟山、狮子山、驮蓝山、拖龙山一带。其中，狮子山楚王陵出土的金缕玉衣，是中国出土玉衣中玉质最好、玉片数量最多、工艺最精的一件。墓中陪葬品极其丰富，包括数百件玉器及近300件印章、封泥。这些诸侯王陵的发展有自身的系统性，不仅能够排出明确的序列，而且能够归纳出基本特征，对研究汉代的帝王陵寝制度有着重要的价值。

徐州汉兵马俑，是中国目前发现的三处大规模兵马俑之一，俑坑位于徐州狮子山楚王陵西部。经考古人

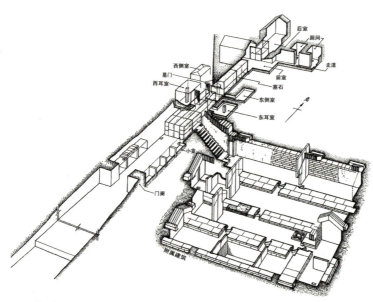

北洞山楚王墓透视图

狮子山楚王陵兵马俑一号坑中段指挥军阵

员和相关专家分析，这批兵马俑是位于狮子山上的汉代第二代楚王刘郢或第三代楚王刘戊墓附近，象征着卫戍楚王陵墓的部队。汉人视死如生，期待生前拥有的物质待遇和精神待遇，死后有轮回。汉代徐州乃东方重镇，刘邦的桑梓故里，在政治、军事上具有特殊的地位，是仅次于长安的政治文化中心。手握重兵的楚王希望死后能继续指挥千军万马，兵马俑就应运而生。这些兵马俑的出土，为研究汉代军制、战阵、武器装备等情况提供了宝贵资料。从雕塑艺术上讲，秦兵马俑的塑造追求写实风格，严格模拟实体，力求与实体相似，给人以一种力量美。汉兵马俑在继承秦俑的基础上又有自身特色，形体大大缩小，但五官清晰，形态各异，栩栩如生，人

西汉君忘忘铜镜

隋代板凳铜佛像

物的性格特征通过寥寥数笔，刻画得细致入微，是难得的汉代雕塑艺术珍品。这些以生活为蓝本制作的陶俑，在中国雕塑艺术史上，以拙朴、含蓄、耐人寻味的艺术手法，留下了永恒的美感。

徐州汉画像石是雕刻在墓室、棺椁、祠堂上的石刻图画，时间跨度为西汉晚期至东汉。在艺术上，汉画像石上承战国绘画古朴之风，下开魏晋风度艺术的先河，奠定了中国画的基本法则和规范。徐州汉画像石最早见诸文字记载的是东晋伏滔的《北征记》一书，他观察到在徐州城北3公里的石上"皆青石、隐起龟龙鳞凤之象"，实际上就是汉画像石墓。清同治年间的《徐州府志》有关于汉画像石的记载，但一直没有科学发掘。中华人民共和国成立后，流散各地的画像石被集中起来，同时又有新的画像石被发现。目前，徐州各地出土的汉画像石2000余块，内容包罗万象，千姿百态，对神话传说、历史人物、民众生活、典章制度、自然环境等均有所反映。画像石雕功质朴，充满艺术张力，是了解汉代民众生活与精神世界的窗口，可以清晰地窥见淮海大地上的古人具有的厚葬习俗和神仙信仰。汉画像石的规模和艺术水平，是墓主人生前地位的体现，大多集中在经济富庶、文化发达、石料充足的地区。徐州和鲁西南地区是全国汉画像石集中分布的地区之一，徐州地区的汉画像石又绝大部分出于汉画像石墓。

徐方

徐州汉画像石《牛耕图》

大运河承载着徐州的城市文脉，史前文化、楚汉文化、名人文化等，像颗颗珍珠，镶嵌在大运河两岸。传说徐州古汴河之滨的楚王山上，有一种被《尚书·禹贡》记载、在徐州千佛寺发现的特殊贡品——国家祭祀专用的五色土，象征着天下社稷。徐州的运河文化，正如同五色土一样，异彩纷呈。

开凿运河最初是为了战争运输之需，大运河徐州段曾经烽火连连，发生在徐州土地上的古代著名的战役有先秦时期的晋、楚等国对彭城的争夺，秦末农民大起义，

五色土

楚汉战争，东汉末年的军阀混战，南北朝时期南北政权的轮番控制，唐末庞勋起义，楚金徐州之战，太平军攻打徐州。秦亡以后，农民的反秦王朝斗争转化为农民军领袖之间的争权夺利。公元前 206 年，项羽自立为西楚霸王，分封了 18 个王。封刘邦为汉王，以汉中巴蜀为封地。同年，项羽率部回到彭城。刘邦暗度陈仓，还定三秦，联合韩、魏等诸侯军队 56 万人，大举东进，乘虚袭楚都彭城。楚汉两家在彭城九里山下开始了影响中华民族发展历史的会战，留下了很多故事和古迹，如汉军的九里山十面埋伏、张良吹箫散楚兵、项羽兵困白云洞等。三国时期，徐州也是大战之地，193 年曹操对徐州牧陶谦之战，194 年曹操攻打徐州，196 年袁术攻打徐州、吕布攻打刘备，197 年袁术攻打吕布，198 年吕布、袁术联合攻打刘备及曹操灭吕布，199 年刘备与徐州牧车胄之战，200 年曹操破徐州刘备之战……留下了辕门射戟、关公祠等诸多历史文化古迹。

除了战争运兵之需，漕运也是大运河重要的功能。大运河徐州段围绕运河设立专署、建仓立廒、筑堤修闸、兴建码头、设置水驿，形成了历史悠久的漕运文化。

远至西汉时期，为加强管理铁料物资，汉武帝即"于彭城沛郡立铁官"。隋唐时期又在地近泗水的利国设置冶铁机构秋丘冶，并在徐州南通济渠上设立埇桥盐铁院，专门负责对江淮输送至关洛地区的盐、铁等战略物资进行汇聚统计，或仓储转运，储藏有大量钱币、布帛。黄运并流的明代，建立了严密的漕运管理制度，并在重要节点城市设置粮仓统筹转运。始建于永乐十三年（1415）的徐州广运仓是明政府直辖的四大转运仓之一，发展到宣德年间，广运仓达到鼎盛阶段，有仓储百座、仓房上千间，可"贮粮百万石"。明代大运河上每年粮食运输总量400万石以上，其中运粮于徐州仓的可达270余万石。广运仓规模宏大，设施齐全，四周建有高墙，墙下挖有沟壕，四门有兵士把守。与广运仓相对应的，是中央在徐州专门设立了"户部分司"，作为专职管理该仓的户部直属机构。以户部分司为中心，城南一带渐成繁华之地，巨室富族纷至沓来，争相建宅于户部山上，斗拱交错，钟鸣鼎食，该地成了富贵和身份地位的象征。为与发达的水上交通相配合，明代还在徐州设置了规模庞大、辐射四方的水陆驿站交通体系。徐州

广运仓碑刻

徐州户部山

城北沛县驿、东北夹沟驿、东南房村驿及下邳驿，拥有数量庞大的船只和船夫，维系着徐州水陆物资大通道的运行。

繁华的商贸孕育了民生百态和丰富的非物质文化遗产。徐州列入国家级非遗名录的就有徐州剪纸、徐州梆子、徐州琴书、江苏柳琴戏、邳州跑竹马、丰县糖人贡等。徐州梆子、江苏柳琴戏、徐州琴书是这片热土上曲艺的典型代表。徐州梆子，又称江苏梆子，徐州民间也有称其为"大戏"，是徐、豫、鲁曲艺文化交汇的产物，它自明朝中期在徐州地区形成、发展以来，是梆子声腔体系在江苏省内的唯一剧种，也是苏、鲁、豫、皖接壤地区数万平方公里内，广大人民群众喜闻乐见的主要剧种之一，其艺术含量高，地域特色强，具有很高的历史、文化和学术价值。江苏柳琴戏，徐州本土叫作"拉魂腔"或"徐州柳琴"，它与山东柳腔、茂腔及安徽泗州戏同源，但又兼有徐州特点。徐州琴书，旧称"唱丝弦""唱扬琴"，兼有南北之美，是一种以徐州方言演唱的民间说唱艺术。它与苏州评弹、扬州琴书并称江苏"三大曲种"。徐州非遗，不唯有声、有情，且有色、有味，争奇斗艳的香包文化即其代表。徐州香包色彩鲜艳、图案美观、品种多样，且包内装有以雄黄、薰草、艾叶等10余种中草药配制而成的香料，沁人心脾，兼具驱蚊避虫、除菌爽神的功效。2017年12月12日，习近平总书记在徐州马庄村调研时，看到村民们手工制作的特色香包，连连称赞"真不错""很精致"。

徐州是江苏境内最早开始传播马克思主义的地区之一，中国共产党陇海铁路徐州站支部和第一个特别支部就在这里诞生，这是江苏省最早的党组织。土地革命时

铜山叮叮腔《十八相送》

邳州跑竹马

徐州梆子戏

制作香包

邳州禹王山夕照（一万多名抗日英烈长眠于此）

期的"苏鲁豫皖边区特委"，以其顽强的斗争精神和灵活的工作方式成为"白区斗争的一面旗帜"。抗日战争初期，徐州会战夺取了抗战以来正面战场的空前胜利，中国共产党随后在周边地区建立5个抗日根据地，成为连接华中和华东两大战略区的枢纽。活跃于苏鲁边界、运河两岸的著名抗日武装运河支队，被时任一一五师政

委的罗荣桓誉为"敢在鬼子头上跳舞"的部队。解放战争中以徐州为中心在运河两岸展开的淮海战役，成为决定中国历史走向的三场大决战之一而永载史册。在长期的革命征程中，徐州人民用热血和生命浇灌了运河两岸这片古老的土地，为民族解放和共和国的建立做出了不可磨灭的贡献。

淮海战役烈士纪念塔

故道悬春帆　今朝更壮美

　　大运河是徐州城市的生命之河，北面的微山湖，南面的骆马湖，应大运河而形成，是徐州的水源地。大运河徐州段在大运河沿线城市段落中最长，昼夜通行 2000 吨级船舶，每年实际运量 1.5 亿吨，是中国东部地区电煤、建材等重要物资运输的交通动脉，担负着长三角地区大宗物资中转集散的任务。蔺家坝船闸每 40 分钟开合一次，每次可以放行 8 艘 2000 吨级货船，是大运河江苏段的北大门，北可经湖西航道抵达微山湖，南可沿大运河徐扬段抵达长江。河运成本低、排放少，蔺加坝船闸每天满载黄沙、钢材的船只络绎不绝。大运河徐州段的不牢河、中运河还是国家南水北调东线工程的主要输水通道，承担着向北方供水的重任，是一条流金淌银的致富河和承载民生的幸福河。

　　目前，大运河文化带徐州段建设正围绕淮海经济区中心城市的定位，从文化遗产保护传承、自然生态、文旅融合、配置调度水资源、发展航运、新型城镇化、美丽乡村、产城融合、产业转型升级等进行全方位谋划，推进高质量发展。徐州专门成立了市大运河文化带建设工作领导小组、办公室和大运河文化带建设研究院徐州分院，设立了省大运河文化旅游发展基金徐州区域子基金，在市级层面搭建了组织架构和保障体系。编制完成《大运河徐州段文化保护传承利用实施规划》，重点围绕"三园、两带、十八点"，加快建设大运河徐州段国家文化公园。丰县依托汉文化和生态资源，加快建设国家级黄河故道大沙河湿地公园、水利风景区和刘邦故里文化风景区等项目。沛县湖陵城遗址于 2019 年列入省级文物保护单位，并适时启动古运河水闸遗存实地考古调查和沽头闸遗址考古发掘工作。睢宁县围

运河风光

运河航标

徐州港

（本页摄影：贾传军）

邳州银杏湖风景区（贾传军　摄）

绕"因水而生，因水蕴灵"，大力打造房湾湿地水利风景区。邳州市致力于将大运河打造成通航示范区、水上物流中枢、防洪排涝屏障，浓墨重彩书画"三廊"建设新风景。新沂市着力打好运河古镇窑湾牌，将窑湾定位为保存与展示大运河码头与商埠历史文化的重要遗产地。贾汪区紧紧围绕"航运灌溉排涝的大走廊、绿色生态涵养的大长廊、文化旅游景观的大画廊"目标定位，大力推进景观打造，深入挖掘大运河文化内涵，讲好贾汪故事。铜山区、鼓楼区大运河蔺家坝至荆山

翩翩起舞（焦征　摄）

桥段被规划为世界级汉文化传承和旅游目的地的集中展示带，目前概念性规划已完成，即将进入开工建设阶段。

（撰文 / 张菲菲）

家住运河边（贾传军　摄）

运河船菜一组（贾传军　摄）

鱼头饺子

莼菜

香芹芦根

尖椒白米虾

茄豆羊栖菜

菱条肉丝

韭菜螺丝

槐花蛋汤

大运河邳州段（贾传军　摄）

宿迁

项王故里风光好　依水而生日月长

　　宿迁地处长三角北翼、江苏北部，坐拥骆马湖、洪泽湖两大淡水湖，"北望齐鲁、南接江淮"，享有"江苏氧吧"的美誉，大运河宿迁段曾三次改道，留下三个历史阶段不同主航道的遗迹。如今，大运河宿迁段全长 112 公里，列入世界文化遗产的河段 41 公里在市区核心区，运河两岸生态景观优美，是苏北航运的黄金水道和南水北调的主要通道。

春水接南北　舟船聚清波

　　春秋时期吴王夫差开凿邗沟，舟师溯宿迁境内泗水北上。邗沟开凿之前，泗水

古汴河风光（张连华　摄）

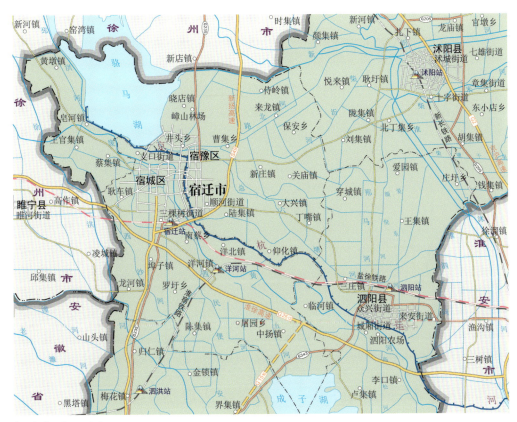

大运河流经宿迁示意图

古汴河入淮段

仅通淮北地区。邗沟开通后，开辟了江南、淮南与北方的水路交通线，沟通了江南与中原，宿迁、泗阳是这条水路的必经之地。隋朝开凿从洛阳到淮河的通济渠（汴河），流经宿迁泗洪青阳镇，至溧河洼入淮。至今，泗洪境内还有保存完好的34.32公里河段，当地人谓之"老汴河"。元朝对运河作"弃弓走弦"的改道，先后开凿了济州河、会通河、通惠河，京杭大运河取直贯通，沟通了钱塘江、长江、淮河、黄河与海河五大水系。这条运河借河为漕，通过黄河（泗水）流经宿迁、泗阳；明代"借黄行运""避黄行运"，潘季驯采取"束水攻沙"治水策略，在宿迁河岸筑建遥堤、月堤、缕堤等，其中在宿迁筑归仁堤，全长49公里，用以防御黄河西溃之水直接南下入湖；清康熙二十七年（1688），河道总督靳辅在宿迁开凿的中河竣工，实现了黄运分离。从此，京杭大运河畅通无阻。中河流经宿迁112公里，占全长68%。2014年6月，中国大运河成功入选世界文化遗产名录，宿迁皂河龙王庙行宫、中运河河道名列其中。国家《大运河文化保护传承利用规划纲要》关于大运河河道各段的功能定位中，确定宿迁中运河以航运、排涝、饮用水水源地为主，兼顾骆马湖超标准洪水时行洪与生态景观功能。

大运河全线唯一的妈祖像（贾传军　摄）

宿迁河段为中运河主体部分，全长112公里。其中被列为世界文化遗产的中河河道北起徐州窑湾、南至宿迁大王庙，总长41公里。元代至元二十年至三十年（1283-1293），元世祖相继开凿济州河、会通河（后统称会通河）、通惠河，南北运河改由浙江经江苏、山东、河北、天津到北京，京杭大运河至此全线贯通。清康熙十九年（1680），河道总督靳辅开皂河，北起窑湾接伽河，南至原皂河入黄河，长20公里。次年入黄口淤，再开河9公里，改入黄口至张庄。明末及清初，骆马湖

大运河流经骆马湖

以南漕运仍利用黄河。康熙二十五年（1686），又开挖上接张庄的皂河，经宿迁、桃源（今泗阳）至清河县仲家庄入黄的中河。中河开通，使黄河和运河分离。自此，"粮船北上，出清口后，行黄河数里即入中河，直达张庄运口，以避黄河百八十里之险"。中河开通后，宿迁成为水路运输的主要码头和进出口货物集散地，河面上常常是舳舻相接、帆樯林立。为此，清廷在宿迁运河西岸增设东关，检查来往船只，收缴关税。兴旺时期，东关口每日收缴关税可达5万两纹银，位居淮关管辖三关中的第二位。东关口建筑雄伟，款式整齐，结构坚固，坐西面河，前面高大门楼上横书"紫气东来"字样，关后有小街，名为关口街。

　　19世纪末20世纪初漕运终止后，宿迁段运河仍作为区域性航运线路保持运输河道的功能，是苏北航运的重要水道和南水北调的主要通道。宿迁境内河网密布，地处淮河、沂沭泗流域中下游，南临洪泽湖，北接骆马湖，素有"洪水走廊"之称。中华人民共和国成立后，人民政府为了治理水患和保障大运河通航，在宿迁建设了一大批现代化、标准高的水利、航运工程。1957年7月，沂沭泗流域发生特大洪水。洪水过后，江苏省政府决定加速实施骆马湖宿迁大控制工程。大控制工程包括中运河宿迁节制闸、宿迁船闸、六塘河节制闸、中运河及六塘河拦河坝、宿迁节制闸以及废黄河防洪堤、废黄河堤加固等工程。工程于1957年10月开工，1958年6月建成。工程建成后，骆马湖被批准为常年蓄水湖泊，皂河闸至窑湾中运河左堤废除，右堤与邳洪河及黄墩湖共堤。宿迁大控制工程提高了骆马湖的防洪能力，为周边县区提供灌溉水源，为京杭大运河通航补给水源。

　　宿迁是京杭大运河沿线船闸最多的设区市，从北到南共有皂河、宿迁、刘老涧

骆马湖水资源控制工程

宿迁闸

井儿头抽水站（陆启辉　摄）

泗阳水利枢纽

刘老涧船闸

宿迁水利展示馆

三道船闸。刘老涧船闸始建于1934年,皂河船闸始建于1951年,宿迁船闸始建于1958年。三座船闸均陆续建成1号、2号、3号三处闸口。

在江苏省和国家江水北调、南水北调工程中,宿迁拥有泗阳、刘老涧、井儿头、皂河等4座大型抽水站。泗阳站位于泗阳县城东4公里的泗阳船闸南侧,由新、老两座抽水站组成。刘老涧站位于宿豫区刘老涧节制闸下游,为南水北调东线一期工程第五梯级泵站。井儿头站位于刘老涧到皂河之间,共安装柴油机80台套。皂河站位于中运河与邳洪河之间的夹滩上,是苏北运河规模最大的抽水站,包括皂河一站和二站,其中皂河一站为亚洲单机流量最大的泵站工程。

泗洪县顺山集遗址

顺山集遗址出土文物

文明发端远　胜迹遍城乡

宿迁运河沿线名胜古迹众多，遍布城乡各处，具有丰厚的文化底蕴。泗洪县梅花镇南重岗山北麓坡的顺山集遗址，总面积 17.5 万平方米。2010 年，南京博物院对其进行钻探发掘，出土大量石器、陶器、骨器、陶塑艺术品以及碳化稻等，经测距今 8000 多年。专家认定：该遗址的发现将江苏文明史向前推进 1500 多年，填补了淮河中下游地区新石器时代中期环壕聚落考古的空白，现为国家级文物保护单位。

青墩遗址位于湖滨新区晓店镇，为汉代大型冶铸遗址，出土的西周文物有铜箭头、铁剑、石刀、石斧、泥质灰陶罐、夹砂红陶鬲足等。汉代遗物有"五铢"钱币及泥质灰陶罐残片、绳纹瓦片等。该遗址现为全国重点文物保护单位。

泗阳县三庄镇三庄汉墓群是西汉泗水国的贵族墓地。1998 年，南京博物院考古研究所在王李村发掘出金缕玉衣。2002 年 11 月，南京博物院再次发掘，出土了漆木器、铜器、铁器、陶器、玉器等文物 660 多件，为研究泗水王国汉代文物提供了极为珍贵的第一手资料。该遗址现为全国重点文物保护单位。

皂河龙王庙行宫，是大运河世界文化遗产点，该建筑始建于清康熙二十三年（1684），雍正、乾隆、嘉庆年间多次进行维修和扩建。乾隆 6 次下江南，5 次驻

宿迁皂河龙王庙行宫

跸于此，并亲笔题名"敕建安澜龙王庙"，俗称"乾隆行宫"。龙王庙行宫以南北中轴线建筑为主体，东西两侧相互对称，错落有致，自南向北有戏楼、禅殿、御碑亭、怡殿、龙王殿、灵官殿、大禹殿等主体建筑。龙王庙行宫东侧，有御马路、御码头遗址。御马路起于龙王庙行宫内的"河清"牌楼门，止于御码头，全长约 500 米。御码头位于皂河镇街东村北首京杭大运河的南岸，约 20 平方米，块石垒砌。

洋河酒厂地下酒窖有 6 个小容器地下储酒库，占地面积 2000 平方米，有陶坛小容器 3800 只。陶坛罐口全部按洋河独有的古传工艺封糊编号储存，用经过处理的猪血料并加之水棉纸，层层托裱而成，以保持洋河酒的独特风味。酒窖部分藏酒已逾百年，被誉为"中国白酒地下宫殿"。2019 年 10 月，洋河地下酒窖入选第八批全

宿迁洋河酒厂文化旅游区

洋河酒手工酿造技艺

国重点文物保护单位名单。

位于宿迁市区幸福中路的敕赐极乐律院，又称极乐庵。始建于明朝末年，后经清中期不断扩建，前后共五进院落，每进院除有主殿外，还各有左右配殿楼，规模宏大。现为省级文物保护单位。

宿迁具有丰富的非物质文化遗产资源，涉及民间文学、传统戏剧、传统音乐、传统舞蹈等 16 类。全市拥有非遗传习所 20 多个，国家级非遗传承人 1 人，省级非遗传承人 15 人，市级非遗传承人 281 人。

宿迁本土的地方戏曲主要有四个，其中柳琴戏、泗州戏、淮海戏与早期的"拉魂腔"同属一源，淮红戏在 20 世纪 50 年代与丹阳丹剧、海门山歌剧被誉为江苏戏曲"三枝花"。

柳琴戏起源于清中前期，分布于宿迁的西北地区。民国初年，刘家班传人刘小顶根据其伴奏乐器"柳叶琴"的名称，将流行一方的"拉魂腔"定名为"柳琴戏"。中华人民共和国成立后，单士信、王金明等自发组织 15 人的柳琴戏剧团，排演《小仓山》《鸿鸾喜》《打渔杀家》等 10 多个剧目。1954 年，皂河成立国营柳琴戏剧团，演出《秦香莲》《三女抢板》《打金枝》等 23 部剧目。2004 年，宿豫区组建龙王庙行宫柳琴戏剧团，排演古装戏和时装戏。2016 年，宿迁市柳琴剧团成立，陆续排演了《古城拉魂》《清清骆马湖》等剧目，分别获得省"文华奖"和省"五个一工程奖"。2006 年，柳琴戏被国务院批准列入第一批国家级非物质文化遗产名录。

柳琴戏表演

泗州戏表演

泗州戏主要分布于洪泽湖西岸和淮河两岸的大部分地区，因艺人多为古泗州人，又因唱腔有"泗州调"的唱法，1952年定名为"泗州戏"。泗州戏以优美的唱腔，动听的旋律，唱响洪泽湖畔、淮河两岸，是从民间的土壤中成长起来的地方剧种。泗州戏大戏有《空棺记》《大书观》《三打薛平贵》《罗鞋记》《鞭打芦花》等60多出。进入21世纪以来，泗洪县泗州戏剧团先后创演了《青阳红霞》《湖畔人家》等现代戏。2006年，泗州戏被国务院批准列入第一批国家级非物质文化遗产名录。

淮海戏旧称"淮海小戏"，1954年9月正式更名为淮海戏。沭阳县成立全省第

淮海戏表演

旱船表演

苏北琴书表演（陆启辉　摄）

淮红戏表演

苏北大鼓表演

一个专业淮海戏剧团，随后宿迁县新生淮海剧团、泗阳县淮海剧团随之成立。沭阳县、泗阳县几乎各乡（镇）都有常年演出的业余淮海剧团。淮海戏剧目丰富，传统剧目32大本、64单出，统称"两骂、两关、三朵花，七大、七小、十一记"。近年来，地方淮海戏剧团相继创演了现代戏《十里香》《陈毅三会韩德勤》《月牙楼》等。2008年，淮海戏被国务院批准列入第二批国家级非物质文化遗产。

淮红戏原名清音，俗称旱船调，汇集明清以来苏北、皖北一带民歌小调近百种，有"百曲"之称。因以"满江红"曲调为主调，故得名。1954年，宿迁

舞龙表演（伍海涛　摄）

高跷表演（徐瑞　摄）

县挖掘整理淮红戏曲牌近百个。1958 年秋，宿城成立霸王公社业余淮红戏剧团，创作演出现代戏《月下操练》《送塘泥》等。

宿迁的曲艺主要有苏北大鼓、苏北琴书、工鼓锣等，刘汉飞、牛崇祥、张银霞等为演出代表人物。

书院学风盛　文化底蕴深

运河贯通了南北文化，推动宿迁形成崇文尚学的传统。地方官府重视兴办学宫

宿迁孔庙大成殿

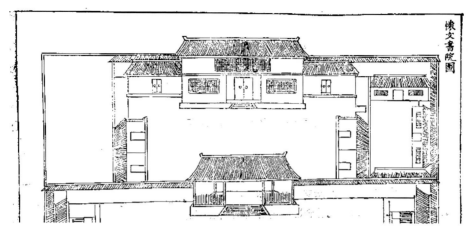

沭阳怀文书院图

书院，一些有识之士也慷慨解囊开办各种学堂培养人才。代表性的学宫书院主要有宿迁黉学、怀文书院、钟吾书院、泗阳书院、沭邑书院等，至清代书院改为学堂。

宿迁黉学又称学宫、孔庙，自元代开始创立，是一个庙学合一的场所。宿迁黉学（孔庙）仿曲阜孔庙而建，位于市区河清街，占地十余亩。黉学以大成殿为中心，南北主体建筑为中轴线，轴线左右建筑对称排列，自南向北主要有照壁、泮池、棂星门、大成殿、大成门、明伦堂、尊经阁等。

位于沭阳县的怀文书院，前身为厚丘书院，为清乾隆二十九年（1764）沭阳知县钱汝恭捐俸银所建，沭阳富绅吴九龄捐助膏火银1000两。书院共有瓦房9楹，以尊经阁为讲堂。乾隆三十四年（1769），倪学洙任沭阳知县，捐赠银两作为书院经费，并常亲临书院，勉励诸生勤奋学习。

钟吾书院于道光二年（1822）由宿迁知县华凤喈率众儒生共同捐资兴建。书院门庭斋舍，皆整齐对称，厅堂宽敞，阁楼巍峨，门前照壁有"青云得路"四字。书院创立后，宿迁生员屡有登科，先后出进士8人、举人38人。

泗阳书院亦称"淮滨书院"，清道光二十七年（1847）兴建。院内聘山长1人主持教务，每月有"斋课""县课"各1次。斋课由山长主讲，县课由知县主讲。光绪二十八年（1902），增建进德斋、藏书楼等。

除了学宫、书院外，宿迁境内还有对儿童实施启蒙教育的义学、社学、私塾等教育机构。元时，宿迁县城有兴贤、育才、培美、储秀、毓俊等5所社学，四乡设社学20多所。清康熙三十九年（1700），同知邓之灿在宿迁城西北创办义学。至清光绪末年，沭阳、泗阳、泗洪县内均有义学数所。清代私塾遍设城乡，清末至民国初年，宿迁县、沭阳县、泗阳县、泗洪县有私塾数百所。

宿迁文学艺术源远流长，诗歌、散文、小说各绽其芳，美术、书法、摄影各领风骚，出现了很多影响甚广的大家、名家，彰显了宿迁厚重的文化积淀。

宿迁最早的诗歌创作，可上溯至西楚霸王项羽所作的《垓下歌》。"力拔山兮气盖世，时不利兮骓不逝。骓

项羽塑像

不逝兮可奈何，虞兮虞兮奈若何！"胡应麟在其著《诗薮》中说："七言短歌，始于《垓下》"。境内诗歌史上可考者，多在明清之后。明代宿迁人高飞，字子翀，诗文清丽；弟冠，与其齐名，人称"二高"。清著名女诗人倪瑞璇，其诗"发潜阐幽，诛奸斥佞"，深为沈德潜、袁枚称道，今存《篋存诗集》，录其诗歌120首。晚清桂中行编《徐州诗征》八卷，其中卷六、卷七收录明清时期13位宿迁诗人作品。清末至民国初期，沭阳才女刘清韵工诗词，今存有《小蓬莱仙馆诗钞》《瓣香阁词》《小蓬莱仙馆曲稿》各1卷。

以刘清韵命名的清韵桥

　　清末至民国初期，宿迁人臧秉衡著有小说《续聊斋志异》、张树桐著有小说《卢梭魂》。民国年间，沭阳人王洁予是中国左翼作家联盟的最早盟员，他创作的中篇小说《巷战》发表在《创造月报》。中华人民共和国成立后，境内小说作者及作品主要有赤布的长篇小说《野蔷薇》《落红》、白夜的《黑牡丹》等。出生于宿迁的香港、台湾小说家有徐速、朱西宁。徐速出版长篇小说《星星之火》《星星、月亮、太阳》《清明时节》《樱子姑娘》4部。朱西宁夫妇和三个女儿共出版各种小说《七对怨偶》《牛郎星宿》《奔向太阳》《黄粱梦》等70多部。

　　清代，现宿迁市行政区有影响的画家有周宗濂、徐广绪、李云龙、刘敦诗、薛怀等。周宗濂专工山水画，曾创"灰堆"画法，代表作有《楚王宫殿图》。徐广绪主要作品有《溪山垂钓长卷》《云海临鸿图》。李云龙精画马。薛怀善画花鸟。中华人民共和国成立后，著名画家有苏葆桢、范子登等。

苏葆桢作品　　　　　　　　　　　　　　　　　　　　范子登作品

　　明清之际，宿迁的书法大家有徐抡元、徐用锡、王相等。徐抡元擅长小楷，曾做《永乐大典》誊录员。徐用锡为康熙四十八年（1709）进士，官至翰林院侍读，著有《圭美堂集》26卷，列入《四库总目》。王相既是书法家，也是著名的藏书家，其藏书处命名为"百花万卷草堂"，闻名遐迩。

　　出生于沭阳县的吴印咸从事电影、摄影事业70年，成就卓著，享誉中外，曾拍摄《风云儿女》《都市风光》《马路天使》等影片。

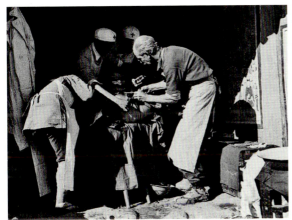
《白求恩大夫》（吴印咸　摄）

吴印咸在延安拍摄的照片

大运河霞光

漫漫追梦路　壮志更凌云

宿迁运河北岸的马陵山岭蕴藏着大量的硅砂（石英砂），它是制作玻璃的主要原料。1903年初，时任安徽候补道的江苏赣榆人许鼎霖到宿迁考察，即有开办玻璃厂之意，遂与好友张謇商议。张謇对许鼎霖的想法颇为赞同，再次考察后将耀徐玻璃有限公司厂址选在宿迁县城北六塘河畔的井头。张謇等人随后在宿迁白马涧购砂地6200亩，成立了久安砂地公司，露天开采硅砂，为耀徐玻璃有限公司提供生产原料。

当年年底，宿迁人黄以霖加入耀徐玻璃有限公司，对耀徐玻璃有限公司的开工建设给予很大支持。由此，中国首家玻璃制造企业屹立在宿迁大地。

耀徐玻璃有限公司生产基地建有钢架混凝土结构主厂房一幢，附属厂房198间，其他厂房257间，大锅炉2座、煤气发生炉8个、大小烟囱9个，有生产平片、滚片、器皿等熔炉、烤炉多座，另有英国专利的平片机4部，打花、滚花机、碾压机及车床等10多台。全厂1272人，其中外籍技师10人，广东及宁波等地技师30余人，技工300人，小工200人，杂工300人，巡丁40人，船工300余人。耀徐玻璃有限公司所制造的窗片玻璃、帘板玻璃、型板玻璃等产品质量精良，1910年经南洋劝业会、江苏物品展览会审查合格奏报清廷获得一等奖，并参加巴拿马万国博览会，获得优等奖章、奖状。

宿迁耀徐玻璃有限公司虽然仅存10年时间，却使宿迁成为中国最早的日用玻璃

耀徐玻璃公司选址六塘河畔

生产基地，也为后来宿迁打造"华东玻璃第一城"奠定了坚实的基础。中华人民共和国成立后，为发挥宿迁硅砂资源丰富的优势，宿迁先后建成了江苏玻璃厂、宿迁玻璃厂、宿迁玻璃纤维厂、秀强玻璃公司等企业，为我国玻璃产业的发展做出了突出贡献。

宿迁是革命老区，全面抗战时期，淮北、淮海抗日民主根据地的核心部分均在宿迁市境内，很多革命先烈在这块土地上浴血奋战、前赴后继，留下了可歌可泣的英雄事迹。据不完全统计，全市有 82 处革命历史遗址、陵园、纪念馆、故居等。

彭雪枫纪念馆 位于宿迁市雪枫公园景区，为纪念新四军第四师师长兼淮北军区司令员彭雪枫将军而建。彭雪枫生于河南省镇平县，中国工农红军和新四军杰出指挥员、军事家，参加过第三、第四、第五次反围剿和二万五千里长征，组织过土成岭战役，两次率军攻占娄山关，直取遵义城，横渡金沙江，飞越大渡河，进军天全城，通过大草原，是抗日战争中新四军牺牲的最高将领之一。

宿北大战遗址公园 宿北大战是解放战争初期的一次著名战役，是山东野战军、华中野战军会合后组建华东野战军的辉煌第一仗。遗址公园始建于 1950 年，位于宿豫区来龙镇白鹿湖社区，占地 68 亩。2019 年，宿豫区在烈士陵园基础上对遗址进行复原，建设宿北大战遗址公园。宿北大战遗址公园为省级文保单位、省级爱国主义教育基地。

苏北大战纪念塔（陆启辉 摄）

彭雪枫铜像

朱瑞将军纪念馆

朱瑞纪念馆　主馆建筑面积 8043 平方米。朱瑞，学名朱敦仲，字剑侠，江苏宿迁人，中共党员，无产阶级革命家，中国人民解放军炮兵奠基人。1948 年 10 月 1 日，朱瑞在辽沈战役攻克义县战斗中牺牲，时年 43 岁。2009 年 9 月，朱瑞被评为 100 位为中华人民共和国成立做出突出贡献的英雄模范人物之一。

朱家岗烈士陵园　位于泗洪县曹庙乡朱岗村。1943 年 10 月，为纪念 1942 年 12 月 10 日在抗击日本侵略军的朱家岗战斗中牺牲的新四军四师九旅二十六团 73 名烈士而兴建，抗日军民建造了朱家岗烈士陵园，新四军四师师长彭雪枫将军亲自撰写碑文。中华人民共和国成立后，朱家岗烈士陵园重修，陵园现为江苏省重点文物保护单位和爱国主义教育基地。

朱家岗烈士陵园鸟瞰图

　　新时代宿迁作为大运河重要节点城市，紧紧抓住大运河文化带建设的战略机遇，充分利用资源禀赋和特色优势，认真贯彻落实国家《大运河文化保护传承利用规划纲要》精神，坚持项目化推进，用项目统领文化、生态、旅游、水利等各项内容，培育重点项目，打造重点品牌。已编排的67个项目计划总投资647.43亿元，相继建设、建成了宿迁运河水利博物馆、宿迁运河湾公园、宿迁运河沿岸风光带、水利科技体验园、顺河集清兵营遗址公园、老粮库文创园、皂河古镇、东大街历史文化街区、宿迁城市历史记忆之路等运河文化项目。运河湾公园设置了靳辅广场、运河宿迁港小杨庄码头遗址、运河船工雕塑、减水坝等景观。宿迁城市历史记忆之路南起东关口、北至马陵公园，用现代手段将遗产点激活，串珠成链凸显宿迁作为运河城市的文化特色。

（撰文 / 陈法玉）

宿迁水利遗址公园：扬帆运转雕塑

宿迁大运河风光带

淮安

南船北马中枢地　淮上江南奋进时

　　淮安位于大运河与古淮河交汇处，境内水网密布。大运河、淮沭新河、盐河、淮河入海水道、苏北灌溉总渠、淮河入江水道等纵横交错，洪泽湖、白马湖、高邮

大运河流经淮安示意图

湖等大中小湖泊镶嵌内外，使其享有"淮上江南"的美誉，水上交通系统四通八达。城市因水运而生、因水运而兴，淮安是古代国家南北水运交通的中枢，明清时期，淮安与扬州、苏州、杭州并称中国大运河沿线的"四大都市"。

古末口碑

东南第一州　襟吴又带楚

水运对古代城市的形成、发展和演变，都起着十分重要的推动作用。淮安与大运河的渊源可以追溯到公元前486年吴王夫差开通邗沟，当时邗沟的北端末口就在淮安境内。东汉末年，广陵太守陈登开邗沟西道直达末口，这是淮扬运河的前身。邗沟入淮河的末口附近，逐渐兴起一座重要的城镇——北辰镇（今河下古镇）。北辰镇与淮河、泗水交汇处的泗口（又称清口）、淮阴城三位一体，扼南北水运航道之冲，逐渐成为淮河、泗水下游地区的经济和文化中心。

古末口碑记

水脉与城市相融、相生。隋代，隋文帝以山阳县（今淮安）为起点开山阳渎，并以该县为治所置楚州，隋炀帝疏浚邗沟，使其成为隋代大运河的一部分。隋唐两宋时期，楚州是南北运河交通枢纽，商贸兴旺，白居易称其为"淮水东南第一州"。南宋时更名楚州为淮安州，寄托了古人对"淮水安澜"的期盼。

古邗沟淮安段（朱天鸣　摄）

盱眙出土的战国时期陈璋圆壶

黄岗文化遗址（朱天鸣　摄）

宋金以后近700年，黄河夺淮入海，明永乐年间，平江伯陈瑄为使漕运"免受风涛覆溺之患"，重新疏浚早已淤塞的北宋旧沙河，开凿清江浦，使淮扬运河的北口紧临清口。清江浦从此发展起来，逐渐成长为一座新的城市。清江浦河上的清江闸是今天大运河沿线保存最为完整的明代水闸遗址，被列入世界文化遗产点。

　　淮安地方文化发轫于距今六七千年前的新石器时期，青莲岗等地的先民们，创造了古代淮河下游地区具有代表性的文化——青莲岗文化。"秦岭—淮河"是中国南北自然、地理文化分界线，位于这条线上的淮安"襟吴带楚、扼淮牵运"。夏、商、周时期，淮安地区为东夷之淮夷之地。春秋战国淮安地方先后属吴、越、楚等诸侯国，秦时置县，东晋立郡，隋唐改州，元代升路，明清时置淮安府。战国末年，韩、

古淮河上南北地理分界线标志（解志宏　摄）

总督漕运部院遗址公园

楚等国先民充实此地；汉代，武帝徙闽越于江淮之间，西晋永嘉之乱，北方士族南下避居淮、泗；明洪武年间，朱元璋从苏、松、杭、嘉、湖诸府迁十四万户来淮。淮安因此成为中国古代南北人口汇聚的典型移民城市，形成包容开放的风土人情。从方言来看，淮安也体现出南北交融的特点，属于官话方言区与吴语方言区的过渡地带。

明清时期，淮安地处大运河的中部，是国家交通枢纽和漕运重镇。当时淮安是中央"漕运、河工、盐务、榷关、驿递"事务的要枢，"天下九督，淮居其二""三城内外，烟火数十万家"，淮安进入鼎盛时期。设置在淮安的漕运总督署，总管全国漕粮征收运输，担任漕运总督的为二品以上大员。漕运总督的直辖军队漕标也以淮安为驻地。明代还设有漕运总兵官一职，与漕运总督一起负责漕粮北运，时称文、武二院。刑部设在淮安的漕运理刑分司负责漕运中的案件审理。明清时淮安还是漕船制造中心，全国最大的内河造船厂——清江督造船厂设在淮安。当时，国家绝大多数漕船都由清江督造船厂打造。清江浦建有规模宏大的漕粮转运仓——常盈仓，为中国大运河沿线四大粮仓之一。

南宋黄河夺淮以后，淮安为运河、淮河、黄河的交汇处，是河道治理的关键区域。明代总漕一般兼领总河职事。清康熙十六年（1677），河道总督移驻淮安清江浦，雍正以后设江南河道总督。与漕运总督一样，河道总督由二品以上的大员担任，负责运河、黄河、淮河等河道的治理工作。河道总督的直辖军队河标以及淮扬道等机构也驻于淮安。清代中后期，江南河道总督署的治河经费达国家税收的1/8。

在漫长的中国古代社会，盐税是国家最主要的财税收入之一，受到高度重视。

明清时的淮北批验盐引所以及淮安（淮北）盐运分司均驻扎在淮安。开始在涟水，后来迁至河下，清道光以后转到西坝。盐务的官署迁到一个地方，当地城镇就随之兴起。当时，从末口到清口25余公里间，有淮城、河下、河北、板闸、清江浦、王家营、西坝、马头、杨庄等十多个城镇，"夹岸数十里，街市栉比"，形成了以运河为纽带的城镇链。随着清末黄河北徙、漕运入海、大运河河道淤积、津浦铁路通车以及民国盐政改革撤除税关，加上水旱频仍、战乱不断，城市逐渐失去了往日的繁华。

中华人民共和国成立后，特别是改革开放以来，大运河淮安段进入全新的发展时期。淮安境内的淮扬运河经四次疏浚，船闸多次扩容。目前，淮安境内的大运河为二级航道的标准，两万吨级船队畅行无阻。工业化、城镇化进程加快，淮安形成了水运干线、航空、铁路和多条高速公路相交汇的新型水陆交通枢纽。近年来，淮安强力推行交通新一轮大规划、大建设、大发展，公、铁、水运、空、管建设齐头

清江浦御码头（朱天鸣　摄）

并进，形成现代综合交通运输体系。淮安市公路网人口密度 2017 年达到 27.34 公里 / 万人，位居江苏全省第一，国家公路运输枢纽地位更加巩固。昔日的大运河"黄金水道"也再次焕发生机，2019 年内河集装箱吞吐量突破 24 万标箱，占全省内河总量 75% 以上。

邮票——新中国治淮 60 年

现代经济发展有沿交通干线渗透和跃进的趋势。淮安地处苏北腹地，既有大运河的宝贵资源，又有公路、铁路、航空等现代交通枢纽。随着南水北调东线工程的全面展开和大运河断流河道的逐渐恢复，大运河在运输、防洪、防涝等方面的功能进一步发挥。面对江淮生态经济区、淮河生态经济带、大运河文化带、航空货运枢纽"一区两带一枢纽"建设叠加交汇的重大机遇，淮安以大运河文化带建设为主线，"东融西拓、南联北接"，推动港口基础设施建设，与沿江、沿海港口紧密合作，正在形成对接国家"一带一路"重要节点港口——连云港和上海、长江港口体系的水上开放新格局。

大运河与淮河入海水道立交

奋斗历千载　淮水终安澜

淮安属黄淮、江淮冲积平原，地势低洼。境内水域面积占 1/4，历史上有"交通、灌溉之利甲于全国"的美誉，可谓"漂在水上的城市"。在长江、淮河、黄河三大水系没有相互沟通时，航运颇为不便。春秋战国以后，各诸侯国从政治、经济和军事争霸的需要出发，开挖了很多长短不一的人工运河，淮河流域的短运河有 30 多条，

里运河晨曦（朱柏林　摄）

是中国人工运河最密集的地区。秦汉以来的历朝历代，都非常重视江淮水利。黄河夺淮以前，淮河、泗水、大运河在此交汇，发达的航运和丰富的水资源促进了农业、手工业经济的蓬勃发展。

大运河淮安段水工遗迹，是中国古代水利文化的卓越代表。为解决在河流上筑坝拦水妨碍通航的问题，古人们把拉纤和斜坡升高重物的原理结合起来，在碍航闸坝的两侧各建一侧斜坡连接上下游，船只系于缆绳，沿斜坡拉船过坝，称"埭""堰"或"车船坝"。宋代时，淮扬运河及通济渠入淮段就有"埭""堰"的存在。宋神宗熙宁五年（1072），日本僧人成寻来中国游历，他在撰写的《参天台五台山记》中对经过淮安时所见的"埭""堰"名称、规模、运转方式等都有记述。同在两宋时期，楚扬运河（今淮扬运河或里运河）水系上的"埭""堰"，逐渐改为船闸。淮安至今留存的清江闸、板闸，可以窥见古人在水利技术上丰富的想象力。

清口是古泗水的入淮口，黄河夺淮以后，清口既是黄、淮、运交汇处，又是漕船出入运河的咽喉。大水时，黄水从清口倒灌洪泽湖和里运河，湖底淤高、清口湮塞，影响南粮北运。为保漕运畅通，明清两代的总河、总漕官员，实施了很多治河方略。明代水利学家、四次出任总理河道的潘季驯，主持治理黄河和运河持续27年，他采取"束水攻沙，蓄清刷黄"以保漕运的治运方略，将治黄、导淮、保运结合起来，完成了一系列挖河引水、筑堤束水、建闸挡水等工程，留下堤、闸、坝、堰、转水墩等水利工程40多处，以及水文观察、平水分水、抗洪排涝等设施。2014年，中国大运河申遗成功，占地50平方公里的清口枢纽被列入世界文化遗产区。

淮安清口枢纽

　　在淮安的运河文化相关遗产中，体量最大的是中国第四大淡水湖——洪泽湖的大堤。洪泽湖大堤是清口枢纽蓄清部分水利建筑，曾名"捍淮堰"，明代更名为"高家堰"。洪泽湖的形成和扩大，与潘季驯自武家墩到越城一线筑堰有直接关系。大堤越修越高，清代靳辅和张鹏翮继续修筑，最终形成长约70公里的长堤。洪泽湖东岸大堤是淮河下游重要流域性防洪工程，北起淮阴区马头镇，南至盱眙县张大庄。明清两代逐步将土堤加做石工墙。"堰堤有建瓴之势，城郡有釜底之形"，到康熙十九年（1680），古泗州城终于被洪水与泥沙淹没于洪泽湖底。明祖陵遗址1963年露出水面，1996年被公布为全国重点文保单位。泗州城遗址现仍保存在水下或地下，被誉为"中国的庞贝城"。

洪泽湖大堤

（本页摄影：朱天鸣）

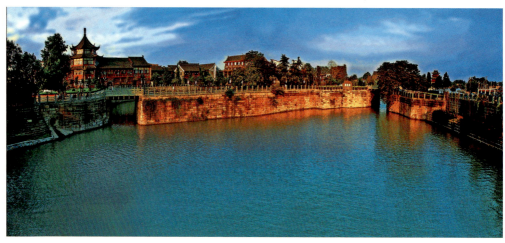

淮安清江大闸（朱天鸣　摄）

淮安人民有情有义，没有忘记对当地治水有功的人员。淮安古运河畔、清江大闸南块，有移址重建的陈潘二公祠，是明代陈瑄、潘季驯的合祀祠。陈瑄开凿清江浦，为淮安城市的兴起、繁荣和发展奠定了基础。潘季驯提出的"束水攻沙、蓄清刷黄"治河方略，为后世借鉴和应用。历代围绕淮安地区的开河、筑坝、分黄等，有据可查的，就有潘季驯、杨一魁、靳辅、张鹏翮、高斌、尹继善、林则徐等大批官员留下的奏疏、著作，以及康熙、雍正、乾隆、嘉庆等皇帝的谕旨。这是国人在严重水患面前，不低头屈服、前赴后继坚持斗争的重要记录。

康熙赐张鹏翮淡泊宁静碑（朱天鸣　摄）

陈潘二公祠

华夏农耕文明高度依赖水利灌溉。中华民族有兴水利、除水害与善治水的优良传统，在几千年治水实践中积累了丰富的经验和智慧。古人"善治国者必先治水""兴水利而后有农功，有农功而后裕国"的治国与治水之道，阐明了治水、农业生产与经济发展、国家政治稳定的关系。中华人民共和国成立后，淮安人民在中国共产党领导下，更加有力地推进治水安澜工程。中华人民共和国成立前，沂河、沭河下游的苏北一带，每遇雨季就汪洋一片。中华人民

1951 年冬到 1952 年春，开挖苏北灌溉总渠

共和国成立后，为了改变这种局面，在苏北"导沂整沭"工程司令部指挥下，开挖新沂河的工程全面开工。1949 年 11 月 25 日，70 万民工奔赴苏北治淮、导淮整沭工地，冬春奋战，开挖了 144 公里长的新沂河，并于 1950 年夏季泄洪成功。1951 年，毛泽东主席发出"一定要把淮河修好"的号召，周恩来总理确定"蓄泄兼筹"的治淮总方略，淮安、盐城、泰州三地组成 80 万民工的治淮大军，新辟了一条泄洪 800

淮河入海水道（朱金华 摄）

淮河入海水道二河枢纽（魏丽莉　摄）

立方米／秒的淮河入海通道——苏北灌溉总渠，实现跨流域调水、分淮入沂、淮水北调、淮沂互济、综合治理，初步形成束水归槽、洪水东流入海的格局，极大控制了苏北的洪涝灾害，遭受水患之苦显著缓解。

1991年，淮河流域再次遭受百年未有的特大洪涝灾害，党中央、国务院做出"关于进一步治理淮河太湖的决定"，开始新一轮"治淮"。淮安先后完成淮河入江水道加固、洪泽湖大堤抗震加固、分淮入沂续建等治淮工程，建立起防洪、灌溉、排涝、降渍、挡潮五大水利工程体系。2003年，总投资41.17亿元，行洪2270立方米／秒的国家治淮重点工程——淮河入海水道主体工程建成。千里长淮东流入海、淮水安澜终于实现，淮河治理是中华人民共和国成立后水利工程伟大成就的缩影。淮河入海水道淮安枢纽工程是亚洲目前最大的水上立交。古人与今人智慧、胆识的相互辉映，治水思想、方略、工程技术与民众参与精神的相互激荡，不断创造和丰富着大运河文化带的文化内涵。

水系连文脉　三淮记先贤

淮安文化最大的亮色，是由淮河和大运河共同滋养的地域文化。秦汉时期，两淮文化比长江以南发达，淮安涌现出"汉初三杰"之一的军事家韩信和文学大

枚乘故里

家枚乘、枚皋父子等。南宋有哲人称赞韩信的军事才能,"信之用兵,古今一人而已","一饭千金""胯下之辱""明修栈道""暗度陈仓"等成语均与韩信有关。魏晋南北朝时期,作为屯兵驻扎之地的淮安,见证了魏晋六朝天下格局变迁的历史。"建安七子"之一的陈琳以及孙吴大臣步骘,因战乱远走他乡、出将入相。东晋名将、"闻鸡起舞"的祖逖,曾率兵驻扎淮安,图谋北伐。

隋唐宋元时期,全国性的运河网络日臻成熟,淮安作为运河枢纽的地位凸显。随着以"丝绸之路"为代表的国际贸易兴起,淮安成为中外文化交流的重要节点。日本曾向中国派遣19批遣唐使,从第四批遣唐使开始,就确立了从楚州、扬州等港口起航,向东穿越东海至日本值嘉岛的路线。据日本僧人圆仁《入唐求法巡礼行记》记载,其中有11批遣唐使,是从楚州港(淮安)起航归国的,淮安是当时外国人的主要聚居地之一。13世纪晚期,意大利旅行家马可·波罗也到过淮安。《马可·波罗游记》记载:"淮安州是一甚大城市……臣属大汗。此城为府治所在,故有货物甚众,辐辏于此。缘此城位置此河之上,有不少城市运货来此,由此运往不少城市,唯意所欲。应知此城制盐甚多,供给其他四十城市之用,由是大汗收入之额甚巨。"作者笔下的淮安,舳舻相继,四通八达。

淮安是漕运之都,漕粮转输造福全国。自明代中后期以后,漕运经济成为淮安重要的经济形态。当时,淮安政治地位突出,是江淮区域性行政中心。工商业经济

运都胜境牌坊和南船北马碑（朱天鸣　摄）

发达，城市规模不断扩大，地域文化一片繁荣。清乾隆时的淮安，居水陆之冲，四方辐辏，百工居肆倍于土著。外来人口多寡向来是评价城市发展水平高低的重要指标之一。当时，淮安的外来人口要远远超过本地人口，这与大运河畅通，漕运、盐运及商品经济发达，城镇繁荣有关。有学者研究认为："淮安的常住人口在百万以上"，如果再加上清江浦和河下等大镇的人口，无疑是全国屈指可数的大都市之一。

漕运文化是淮安文化的底色。主要有三个表征：一是强调规则和秩序；二是商业文化发达；三是五方汇聚，包容互鉴。在漕运制度中，无论是支运、兑运，还是长运，淮安都扮演着重要角色。明清时期，除了漕粮，还有大量的人员流动，包括官员、军队调动、政令传递、赈灾救济等，都离不开大运河及其沿线交通网络体系。政府每年投入大量银两维系运河畅通，地方经济结构倚重商业流通。现今，淮安城内有总督漕运公署遗址一处，2002 年在老城建设过程中被清理出来，建为遗址公园，

淮扬菜博物馆（朱柏林　摄）

是中国大运河具有代表性的文化遗产区之一。

国家《大运河文化保护传承利用规划纲要》中，提出六大文化高地，江苏涉及中原、淮扬、吴越三大文化高地，规划中的"淮扬文化高地"为江苏独有。大运河连通南北，楚汉文化与吴越文化在江淮地区得到充分交融，江苏段是中国大运河最精彩的一段，淮安段则是江苏段的杰出代表之一。古代南北文化交融、工商经济繁荣、社会生活精致的淮安运河都市区，密集分布着大量的大运河文化遗产，有总督漕运公署、清口水利枢纽等世界文化遗产点段，也有淮扬菜、淮剧、淮海戏、十番锣鼓等非物质文化遗产。立足淮扬文化，发掘历史文化名城、名人、名著、名河、名湖、名菜的文化内涵，是打造大运河淮安段特色文化品牌的题中应有之义。

山水园林是淮安重要的文化标识。淮安所辖7个县区中，清江浦、淮阴、淮安（楚州）、涟水、洪泽、金湖，6个地名都散发着浓郁的水乡泽国气息。唯一地名不带水的盱眙县，则因山而名，有著名的"第一山"，宋元以来的文人墨客在此留下了大量的题名碑刻。其中，"第一山"三个大字为北宋书法家米芾所书，并附有米氏题诗。曾作为河道总督署西花园的清晏园，建园已有300多年历史，经多任河督的整治，拥有"江淮第一园"的美誉。清晏园内有碑亭、碑廊，共有碑16通，最珍贵的是康

米芾书"第一山"

盱眙第一山

清晏园

熙皇帝赐予河督张鹏翮的"淡泊宁静"御碑和乾隆皇帝赐予河督高斌的"绩奏安澜"御碑。河下古镇有私家园林上百座,多为盐商、官绅所筑。晚清时期,文学家黄均宰在《金壶七墨》中写道:"吾郡西北五里曰河下,为淮北商人所萃。高堂曲榭,第宅连云,墙壁垒石为基,煮米屑磁为汁,以为子孙百世业也。城北水木清华,故多寺观,诸商筑石路数百丈,遍凿莲花。"描绘了淮安园林"南秀北雄"的文化特点。

淮安因运河而兴,并因此人文蔚起。以《西游记》《老残游记》《子虚记》《笔生花》以及"望社"诗人作品为代表的文学艺术创作,领风气之先,为"南北词流所宗"。漕运文化、水工文化及其衍生的淮扬美食文化、商事文化、朴学、医学文化、民俗宗教文化等蔚为壮观。历代英雄群谱,南宋抗金巾帼梁红玉,抗元英雄张孝忠,明代抗倭状元沈坤,清代民族英雄关天培、左宝贵,都在淮安留下他们可歌可泣的事迹。除了生于斯、长于斯的人物,历史上在淮安寓居的文化大家,如宋代的米芾、元末的施耐庵等,同样与淮安结下深厚缘分。

关天培祠(朱天鸣 摄)

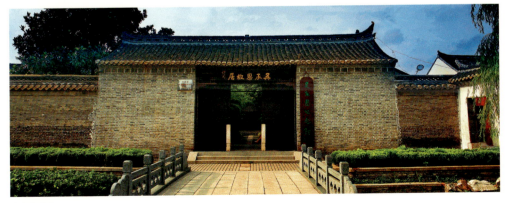

吴承恩故居

周恩来童年读书处

周恩来纪念馆

（本页摄影：朱天鸣）

周恩来铜像（朱天鸣　摄）

　　红色文化是淮安文化的重要组成部分，国家级爱国主义教育基地数量占全省总数的 11%。淮安走出了中国共产党、中华人民共和国主要领导人之一、一代伟人周恩来。抗日英烈、新四军八十二壮士牺牲的刘老庄殉难处也在淮安。周恩来纪念馆、周恩来故居、新四军刘老庄连纪念园、大胡庄战斗纪念馆、东胡集镇抗日第一枪纪念碑、车桥战役纪念广场、涟水保卫战纪念馆、黄花塘新四军军部纪念馆、苏皖边区政府旧址、华中分局旧址纪念馆、新安旅行团革命历史陈列馆等，都是淮安宝贵的红色文化历史遗存。在实现中华民族伟大复兴的征程中，它们不仅仅是淮安人民，也是江苏人民、全国人民奋发进取的力量源泉。

刘老庄八十二烈士纪念馆

清水润两岸　福泽裕民生

现今，大运河进入淮安后，在淮安水利枢纽处，分为两支：一支为古运河，西起淮安市区西侧的淮阴船闸，东至淮安船闸，是具有供水、防洪、排涝和南水北调输水任务的综合性利用河道；另一支为新辟大运河，是淮扬运河裁弯取直后另辟的新河，起于淮阴区杨庄，至淮安区与古运河汇合，主要功能是航运、灌溉和区域排涝。今天的大运河主干道在淮安枢纽分别与淮沭新河、盐河、故黄河交汇，与苏北灌溉总渠平交，与淮河入海水道立交，全程总长 68 公里。淮安段是大运河文化遗产最为集中的地区之一，列入世界遗产的有 1 段河道、2 个遗产区和 5 个遗产点，各类遗产总计 93 项，约占整个中国大运河世界遗产项目的 1/7。

国家大运河文化带建设的总纲领是"保护好、传承好、利用好"，对于淮安这样的历史文化名城，"保护好"是前提。2014 年，淮安"板闸风情街"开发项目在施工时，于地下 4.5 米处挖出大石条。淮安市博物馆考古队第一时间进场展开勘探和发掘，板闸遗址被国家文物部门确定为大运河申遗成功后运河沿线最重大的考古发现。板闸是明代早期修建在大运河淮安段著名的"五闸"之一。遗址最大的特点是闸底用木料制成，工艺类似现代装修铺实木地板，对研究中国明清水利史和运河史具有重要的意义和价值。发现板闸遗址后，淮安市委、市政府立即下令进行保护，

淮安水利枢纽（缪宜江摄）

板闸遗址

收回开发地块，把板闸与古河道、古堤坝、古建筑等系统发掘保护，淮安市博物馆对遗址进行了两次发掘，在此基础上编制的板闸遗址公园保护和展示方案，坚持修旧如旧，对板闸文物本体进行了带水保护，对附近的榷关遗址和三元宫等，进行了修缮和布展提升，还规划建设"板闸与闸文化"博物馆。淮安板闸遗址公园案例，是对大运河宝贵文化遗产"保护好"的生动样本。

　　大运河是一条民生之河。淮安段的大运河非物质文化遗产丰富，涵盖民间文学、传统舞蹈、音乐、戏剧、曲艺、美术、医药、技艺、体育游艺与杂技、民俗十大类。目前，被列入国家级非物质文化遗产名录的有淮安地方传统剧种淮海戏、淮剧、十番锣鼓、金湖秧歌等。省市级非遗有以"山阳医派"为代表的淮安传统中医医术、淮扬菜、淮海锣鼓、洪泽湖渔鼓舞、南闸民歌以及韩信的传说、淮涡水神巫支祁的神话传说等。为唤醒淮安运河文化中的老记忆、老味道、老技艺，全面挖掘利用非物质文化遗产，从2018年起，淮安已经连续三年举办中国大运河文化带非物质文化遗产展，在诠释大运河文化的同时，有效推动"非遗"进入寻常百姓家。近年来，淮安市先后出台《非物质文化遗产保护实施办法》《非物质文化遗产保护专项资金使用管理办法》等制度，对洪泽湖渔鼓、十番锣鼓、南闸民歌、运河船工号子等与大运河紧密相连的非物质文化遗产代表性项目，实施分级、分类保护，非物质文化遗产保护、传承、传播的长效机制正在形成。

　　周恩来总理是淮安的骄傲。习近平总书记曾殷切嘱托"把周总理的家乡建设好，很有象征意义"，并深情地说过"周恩来，这是一个光荣的名字、不朽的名字。每当我们提起这个名字就感到很温暖、很自豪"。周总理年少时曾在清江浦漕运西路

洪泽湖渔鼓舞

金湖秧歌（朱天鸣 摄）

十番锣鼓（朱天鸣 摄）

淮剧《牙痕记》

里运河畔接受启蒙教育，周总理童年读书处已成为市民追忆一代伟人、教诲后人的亮丽风景。

里运河犹如一根"金玉腰带"横穿淮安市区，大运河淮安段文化遗存近百处，精华主要集中在里运河城区段。2013年，淮安启动里运河文化长廊项目，重点打造

千年古镇河下

清江浦景区、漕运城景区、山阳湖景区和河下古镇景区，集中展示古运河的繁华盛景以及古代治水名人、水利工程技术，呈现大运河文化衍生的淮扬菜文化、西游记文化、戏曲文化等淮安经典文化。其中，以中洲为起点，长15.6公里，面积约10.8平方公里的清江浦景区，是淮安运河风光最为秀美的一段。围绕清江闸两岸不到一平方公里范围内，分布着儒家的文庙、佛教的慈云寺、道教的斗姥宫、基督教的福音堂和伊斯兰教的清真寺，以及陈潘二公祠、吴公祠等。近年来，随着京剧"通天教主"王瑶卿纪念馆、麒派创始人周信芳故居、摄影大师郎静山纪念馆、百年酱醋坊等一批公共文化设施修缮和建成，市民日常文化生活更加丰富多彩。这些祠庙、场馆，都在诠释淮安聚合包容的城市文化特点。

"包容天下，崛起江淮"是淮安提炼的新时代精神，概括了淮安融南汇北、刚柔并齐、心系天下的文化特征。大运河沟通南北，是古代维护中国大一统格局的命脉，也赋予了淮安崛起江淮的强大动力。大运河对于淮安，不仅意味着"保护好""传承好"，更意味着"利用好"。历史上淮安在大运河沿线举足轻重，今天的淮安即将开启实现现代化新征程，推进大运河文化带和大运河国家文化公园高质量、高水平建设，主动接受南京都市圈科技创新的辐射拉动，开发好大运河文化旅游业，积极融入长三角一体化进程，发展长三角区域的物流仓储业和水产品、农产品市场，建设对周边地区带动力不断增大的苏北重要中心城市。

淮安里运河文化长廊（朱天鸣　摄）

淮安大运河黄金水道

扬州

古运春秋此肇始　维扬今日春潮生

　　扬州是享誉中外的历史文化名城，有着 2500 多年的建城史，与大运河紧密相连，同生共长，同兴共荣。公元前 486 年，吴王夫差在扬州开邗沟、筑邗城。邗沟是有史料记载的中国大运河最早的一段，开启了大运河绵延至今的壮阔史诗。生生不息的大运河不仅见证了扬州历史上的辉煌，也孕育了扬州繁盛的文化。2014 年 6 月，在扬州牵头和沿线城市的共同努力下，中国大运河成功列入《世界遗产名录》。

春日瘦西湖

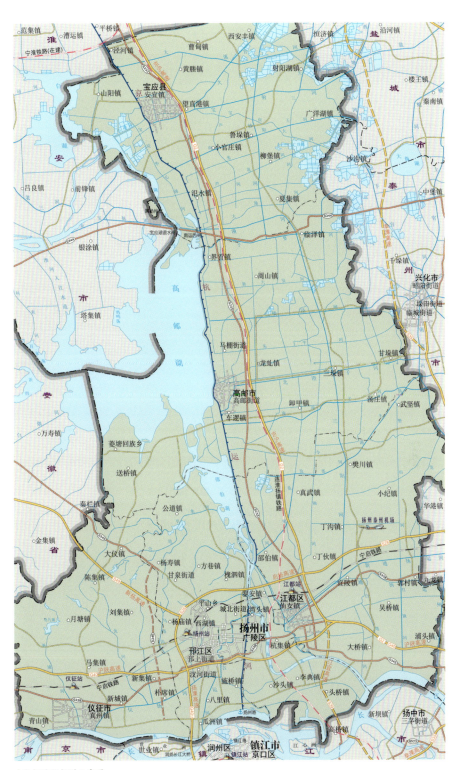

大运河流经扬州示意图

夫差凿邗沟　史册载古邑

据《左传》载：周敬王三十四年（公元前486），"吴城邗，沟通江淮"。心怀大志的吴王夫差指挥军民在扬州蜀冈之上构筑的邗城，成为他北上争霸的前敌指挥部。邗沟从蜀冈下绕城而上，连通了淮河和长江，扬州城市的兴衰从此与大运河维系在一起。

汉初，吴王刘濞"开山铸钱，煮海为盐"，使吴地富裕起来，他又免收赋税，广纳人才，国力蒸蒸日上，扬州也随之进入历史上第一次繁盛时期。对此时扬州的繁华，后人鲍照在《芜城赋》中做了生动的追述："车挂辖，人驾肩。廛闬扑地，歌吹沸天。"刘濞曾对运河做出过重大贡献，即开挖茱萸沟（亦名运盐河），为通扬运河的前身。东汉建安二年至五年（197-200），广陵太守陈登于白马湖滨开凿人工水道，连通了樊良湖和白马湖，史称"陈登穿沟"，人们习惯于把这条渠道称作"邗沟西道"，将原河称作"邗沟东道"。

隋大业元年至六年（605-610），在开凿通济渠的同时又在邗沟旧有基础上整修扩大，形成了后代运河的规模。隋炀帝所开运河以东都洛阳为中心，分为南、北两个系统。南运河是洛阳东南方向的通济渠、邗沟、江南运河；北运河为永济渠。自隋以后，每年数十、百万石的漕粮和物资经过邗沟运达关中，大运河成为一条重要经济与军事命脉。唐开元二十五年（737），润州（今镇江）刺史齐浣在瓜洲

唐城遗址

至三汊河之间开凿新河，即伊娄河，伊娄河便利了漕运，使得过往漕船"免漂损之灾，岁减脚钱数十万"。李白《题瓜洲新河饯族叔舍人贲》称赞说："齐公凿新河，万古流不绝。丰功利生人，天地同朽灭。"

隋唐时，由于大运河的贯通和南北经济的交融，扬州一跃成为京都长安、东都洛阳之外的全国第一大都会，谚称"扬一益二"，即天下之盛，扬州第一，而益州（成都）次之。安史之乱后，中原地区受到极大破坏，唐朝赋税收入主要依靠江淮地区，承担漕运转输的扬州，人口汇集，商旅云集。高彦休《唐阙史》说："扬州，盛地也。每重城向夕，倡楼之上，常有绛纱灯万数，辉罗耀烈空中，九里三十步街中，珠翠填咽，邈若仙境。"备述"十里长街市井连"的繁盛。

元世祖忽必烈打通了京杭大运河。从杭州一路北上，可直抵通州，实现了海河、黄河、淮河、长江、钱塘江五大水系的一脉相连，这便是后人通称的"京杭大运河"。扬州的交通枢纽地位进一步显现。明代陈瑄于宣德年间在扬州开凿了新的入江水道白塔河。在明弘治到万历年间，前后历时110年，白昂、潘季驯等数位河臣和地方官员大建河湖分隔工程，先后开挖康济河、弘济河等，并连贯成一条河，终使官民船只永避高邮湖、邵伯湖的风涛之险，这是自邗沟开挖以来的一次重大创举。明代扬州知府郭光复开挖城南宝带河，形成"运河三湾"。如今的三湾景区，夹岸画屏，美不胜收，成了古运河扬州段中风光最绮丽的篇章。

古城

邵伯明清运河故道

扬州的繁盛是在清康雍乾时期。清初，国家采取了一系列缓和民族矛盾、恢复经济的政策，而扬州又兼漕、盐有利条件，加之康熙、乾隆分别六次南巡，促进了扬州政治、经济和文化地位的再度上升，成为当时世界上的八大都会城市之一。乾隆后期，尤其是嘉庆、道光以后，朝政混乱，吏治腐败，运河疏于治理，大运河的艰涩日甚一日。轮船、海运、铁路运输兴起后，河道漕运的重要性逐渐失去。光绪二十七年（1901），运河漕运停止，扬州日趋衰落。

中华人民共和国成立后，人民政府即对苏北运河进行治理。20世纪50年代末，对扬州段运河裁弯取直，由瓦窑铺开挖新河至六圩入江。1960年，在国力维艰的情况下，江苏省人民委员会决定对苏北运河进行全面疏浚、治理，工程从淮阴县杨庄起，途经淮安、宝应、高邮至江都邵伯航段，以双线通行2000吨级船队的标

高邮镇国寺

邵伯船闸（贾传军 摄）

准进行了整治。1982 年 5 月，扬州辖区内京杭大运河续建工程启动，项目包括：淮安至邵伯段里运河 58 公里中埝切除（含新建高邮船闸一座）、高邮临城段航道拓宽、修建高邮运西（珠湖）船闸、邵伯复线船闸、施桥复线船闸、宝应运河公路桥、界首至六圩部分浅窄段的疏浚等数个单项工程，工程于 1988 年底完成。此次续建工程对扬州里运河堪称一次脱胎换骨的改造，河段经过拓宽、疏浚、裁弯后，航道底宽达到 60-70 米，枯水期水深大于 2.5 米，基本符合三级航道标准。进入 21

世界运博会永久会址——京杭之心

茱萸湾

世纪，江苏省人民政府实施了大运河航道"三改二"工程，扬州市人民政府实施了古运河整治工程，大运河扬州段文物保护、功能发挥和整体风貌有了显著提升。

当代，扬州正着力打造充满活力的新兴科创名城、独具魅力的国际文化旅游名城、美丽宜居的公园城市，满足世界人民对扬州的向往，让这座世界运河之都在新时代焕发出新的生机。

南水北调工程是缓解我国北方水资源短缺、促进水资源优化配置的重大战略性基础设施，东线工程之所以在扬州落笔，与大运河独特的历史地位和地理优势

2013年5月20日南水北调试通水

密不可分。历史上，黄河夺淮，入江通道不畅，江淮地区多次水灾泛滥，清代后期"归江十坝"的修建控制了通过里运河入江的淮河、洪泽湖水量。中华人民共和国成立后，为整治淮河入江水道，扬州先后修筑了万福闸、运盐闸、金湾闸、芒稻闸、太平闸和江都水利枢纽等现代化水利工程。1959 年整治京杭大运河、淮河入江水道后，逐渐演变形成了"七河八岛"这一独特景观。"七河八岛"区域面积约 51.5 平方公里，是我国南水北调东线水源区，也是江淮平原上自然生态环境保持最完好的一块平原湖泊类型湿地景观，其良好的环境优势也为这块区域的发展积蓄了旅游、文化等潜力。

南水北调东线工程一期（扬州段）正是利用扬州境内原有的水系和江苏省江水北调工程改扩建而形成的，自建成通水以来，已累计调水出省近 47 亿方，发挥了显著的社会经济效益。2016 年国家启动南水北调东线二期工程规划工作。南水北调东线工程既成就了水资源配置的伟业，又推动大运河沿线生态环境的保护与提升，使古老的大运河又一次焕发勃勃生机。

大运河是江淮大走廊区域内唯一在用的世界文化遗产，有 70% 的淮水最终经由扬州泄入长江，沿线城市既担当着"一江清水向北送"的使命，也肩负着"一河清水南入江"的重任。作为首倡城市，扬州坚定不移地把江淮生态大走廊建设向纵深推进。规划建设 1800 平方公里江淮生态大走廊，守住生态安全、生态保护这一不可逾越的红线。扬州在投入 18 亿元实施南水北调东线源头水质保护工程的基础上，又累计投入 120 亿元实施"清水活水"城市建设。随着一系列项目的建

七河八岛地区

成和推进，江淮生态大走廊建设的生态红利开始释放。这些民心项目工程的实施，给运河沿线老百姓带来了实实在在的获得感、安全感和幸福感。

江河交汇处　千年显荣光

扬州地处运河与长江交汇处，既是漕粮北上运输的重要枢纽，也是两淮盐务的管理中心。早在东汉时，江淮一带已有贡赋通过邗沟运至京都。唐代扬州漕运日渐兴盛，最高时年转运量达 700 万石。宋高宗时，扬州又扩港建仓，储粮达 200 万石。明成祖迁都北京后，扬州增建广储仓，每年中转北京的漕粮仍保持在 300 万石左右。目前，大运河扬州段年货物运输量达到 3 亿吨，相当于 6 条京沪高速的货运总量。大运河作为活态的世界遗产，仍在运输、水利、生态廊道等方面发挥着重要作用。

一湖两河三堤（高邮湖、里运河西堤、里运河、里运河东堤、淮扬运河主线、淮扬运河主线东堤）

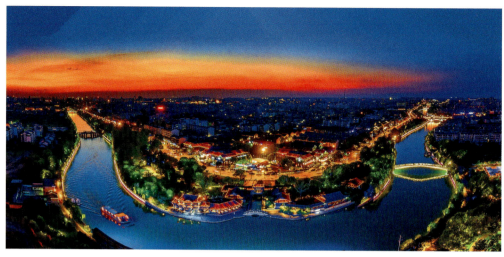

古运河夜景

西汉初年，吴王刘濞将海盐集中运到扬州，再分运各地。唐开元年间，江淮转运使在扬州"置输场、盐仓，以受淮盐"，使扬州成为盐商汇聚、盐船密集的运输中心。元世祖时，扬州设立两淮都转盐运使司，明清继之。清代全国盐课982万两税银中，两淮盐课高达607万两，占总数的62%，"损益盈虚，动关国计"。设在扬州的两淮盐漕察院，统辖江南、江西、湖广、河南四省的盐税出入。

唐代扬州沿运河扩建罗城，形成"霞映两重城"的格局。南宋扬州作为抗金、抗元前线，以运河为护城河，建夹城储兵马、粮草，城市一拓为三，首尾兼顾。

两淮盐运使司衙署（朱国祥　摄）

东关街（张卓君 摄）

明清扬州城南移运河之畔，凭借运河水运之利，漕运和盐业经济支撑了扬州城市的再度繁盛。中华人民共和国成立后，扬州运河"拉弯取直"，新建京杭大运河湾头至八圩段；通过大运河航道"三改二"工程和江都水利枢纽、江淮生态大走廊、扬州港、古运河综合整治等工程，扩大了城市规模、提升了运河功能。大运河贯通了扬州的湖河，孕育了扬州的城市，发展了扬州的经济，成就了扬州的文化。千百年来，扬州城屡废屡兴，既有运河城市的共性，又有自身独特的个性，在中华大地上闪烁着卓尔不群的耀眼光芒。

宋夹城

扬州文化底蕴深厚。物质文化遗产如古建筑、园林等在全国独树一帜。明代，中国第一部园林艺术理论专著《园冶》由计成在扬州完成；清人刘大观云："杭州以湖山胜，苏州以市肆胜，扬州以园亭胜，三者鼎峙，不可轩轾。"清代，有"扬州园林甲天下"的盛誉。瘦西湖依据狭长的碧水和不尽的柳色，"一路楼台直到山"，将两岸各具特色的园林组合在一起，形成国内罕见的湖上带状水上园林群落。扬州城内名胜古迹散布在小街深巷中，精美的园林建筑，遍布的人文古迹，具有极高的历史和审美价值。正是因为历史文化名胜古迹甚多，扬州成为国务院首批命名的 24 座历史文化名城之一。也正是基于扬州在园林艺术方面深厚的积淀、丰厚的遗存和公园城市建设的实践成果，2021 年世界园艺博览会将在扬州举办。

扬州非遗代表性项目灿若繁星。目前，扬州共有联合国人类非物质文化遗产代表作 3 项（雕版印刷、古琴和剪纸），国家级非遗项目 19 项，省级非遗项目 61 项，市级非遗项目 231 项。清初大家孔尚任云："广陵为天下人士之大逆旅，凡怀才抱艺者，莫不寓居广陵，盖如百工之居肆焉。"优越的地理位置、便捷的交通条件，使得大量工艺大匠汇集扬州，他们互相切磋，共同探讨，技艺不断提高，产品愈益精美，时至清代，已集其大成。这些非遗项目是历代扬州人民在长期生产实践过程中创造出来的，是传统文化的有机组成部分，蕴含着文化的精义，也

个园

扬州古琴

扬州玉器：螳螂白菜

扬州剪纸

扬州漆器：点螺丽日台屏

是扬州最为耀眼的城市名片。

　　唐代扬州因在大运河中的枢纽地位而富甲天下，成为东南第一大都会、中国最繁华的商业城市。唐代歌颂扬州繁华的诗篇多达上千首。李白写下了《送孟浩然之广陵》"故人西辞黄鹤楼，烟花三月下扬州"，从此"烟花三月"成为中国文化中"江南"意象的代表。因祖父曹寅曾在扬州负责盐务、办理接驾、刊刻《全唐诗》，曹雪芹本人也在扬州留下了诸多踪迹，也许扬州旧梦帮助他孕育了一部"字字看来皆是血"的鸿篇巨制《红楼梦》。

　　明清时期，扬州凭借着长江与大运河交汇的优越位置，加之康乾盛世两代帝王的多次南巡，地方经济高度发展，艺术十分繁荣。当时的扬州是王公贵族、文人名士聚集之地。据《扬州画苑录》统计，寓居扬州的书画家有五六百人之多。

当时，扬州经济文化繁荣开放，社会舞台上穿梭往来着各色人物，文化艺术的交流也频繁广泛，这里的文人书画家们思想活跃，受正统意识束缚较少。因此无论是书法绘画还是学术研究、戏剧曲艺，扬州都有着突出的成就和独特的风格。"扬州八怪""扬州学派"等在这里产生并繁盛，徽班从这里进京，发展成为京剧并传唱至今。扬州盐商通过盐业专营获取了丰厚的利润，他们在扬州建书院、兴义学，直接推动了地方文化与教育事业的发展，扬州府城的梅花书院、安定书院和仪征的乐仪书院都由盐商出资兴建。在帝王将相、文人名士、两淮盐商的推动下，"东南第一佳味"淮扬菜迅速发展，乾隆时期李斗《扬州画舫录》所记的一份满汉全席食单，是关于满汉全席的最早记载。文人墨客撰写了大量饮食诗文，咏颂扬州烹饪，使淮扬菜名扬天下，并传承到现在。正基于此，2019年，扬州被联合国教科文组织列为"世界美食之都"。

开放包容、南北融合的淮扬文化是大运河文化带六大文化高地之一，扬州是淮扬文化孕育、形成、发展的核心区域之一。近年来，扬州挖掘淮扬文化底蕴，展现运河都会城市繁盛的风貌和众多文化遗产组成的运河奇观，提高文化遗产保护能力、展示水平和传承活力，培育具有扬州特色的大运河文化旅游品牌，以水上观光旅游、滨水休闲度假、夜间旅游为主要游览方式，有机串联沿线大湖湿地、

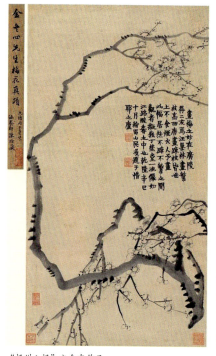

"扬州八怪"之金农作品

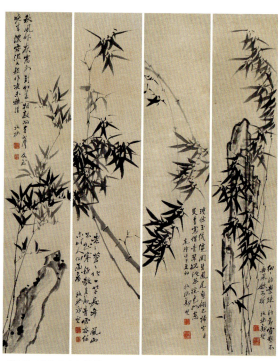

"扬州八怪"之郑板桥作品

大煮干丝

清炒虾仁

三套鸭

汤包

文思豆腐

虾籽饺面

扬州盐水鹅

松鼠桑玉桃（童剑锋 摄）

古城古镇、历史遗迹、水利设施，展示大运河沿线的漕运文化、盐运文化、河工文化、码头文化等相关文化遗产，推动文化旅游与相关产业深度融合；繁荣文艺创作，讲好扬州运河故事。扬州正以文化为引领，展现"千秋淮扬"的魅力，争创发展，再创辉煌。

申遗功绩著　管护担当先

2007 年 9 月 25 日，扬州成功举办首届中国·扬州世界运河名城博览会，会上签署了《世界运河城市市长论坛扬州宣言》，时任国家文物局局长单霁翔为"大运河联合申遗办公室"揭牌，标志着大运河申遗工作迈出了第一步。凭借与大运河的深厚历史渊源以及对中国经济、文化发展所做的重要贡献，扬州成为大运河联合申遗的"领头羊"。

作为牵头城市，扬州在 8 年的大运河联合申遗中，发挥了组织协调和示范带动作用。包括承办好国家文物局在扬州召开的每年一度的大运河保护与申遗工作会议；牵头起草《大运河沿线城市关于大运河遗产保护的联合协定》，并由 35 座城市政府负责人共同签署，作为中国大运河遗产保护的法律文件，提交联合国世界遗产中心。扬州还积极编制大运河遗产保护和环境整治方案，实施了扬州盐业历史遗迹保护工程、邵伯明清运河故道及周边运河遗产保护展示工程等一批项目，

高旻寺

万福大桥

使扬州的运河遗产保护状况得到了极大的改善。经过精心修缮和保护整治的遗产点和河段，成为大运河江苏段和大运河全线遗产保护的代表作。

2014年6月22日上午10时19分，这是千年运河史上值得永远铭记的时刻。在卡塔尔首都多哈召开的第38届世界遗产大会上，大会执行主席、卡塔尔博物馆管理局主席玛雅萨公主一锤定音："祝贺中国，祝贺大运河！"许多人喜极而泣，8年大运河申遗终于梦圆！大运河申遗成功，作为沿线35个城市申遗联盟牵头城市，扬州功不可没。

大运河作为一个线性活态的巨型文化遗产至此被全世界瞩目。在《中国大运河申遗文本》中，淮扬运河扬州段遗产区共有6条河段、10个遗产点：古邗沟故道、里运河、高邮明清大运河故道、邵伯明清大运河故道、扬州古运河、瓜洲运河；刘堡减水闸、邵伯古堤、邵伯码头、盂城驿、瘦西湖、个园、天宁寺、汪鲁门盐商住宅、卢绍绪盐商住宅、盐宗庙。在联合申遗的35座大运河沿线城市中，扬州被列入大运河世界遗产的河段和遗产点数量占全部遗产点段的1/6以上。

2014年9月26日，国家文物局在扬州召开了大运河申遗成功后的大运河遗产保护管理工作会议，部署后申遗时代大运河遗产保护管理利用等任务。扬州在完成牵头申遗使命之后，再次承担起牵头保护和管理的责任，"大运河遗产保护管理办公室"随即在扬州挂牌。

近年来，大运河遗产保护管理办公室与南京大学、扬州大学合作了多个可持续发展的课题项目。2020年6月22日，在大运河申遗成功6周年之际，多位专家参加了大运河保护、利用研讨会，大运河保护遗产管理办公室起草的《大运河遗产保护利用研究报告》作为大运河申遗成功6年来的"体检报告"，提出了问题和建议，同时也昭示着大运河遗产保护任重而道远。大运河作为连接"丝绸之路经济带"和"21世纪海上丝绸之路"的重要纽带被赋予了新的意义。扬州作为大运河原点城市、申遗牵头城市，不断提高政治责任感和历史使命感，高起点规划、高标准推进大运河文化带和大运河国家文化公园建设，积极为大运河文化带建设做出扬州实践和扬州示范，在服务国家战略中进一步体现扬州担当。

目前，扬州正着力打造古运河文化旅游带、京杭运河绿色航运示范带、南水北调东线源头生态带和江淮生态大走廊等"三带一廊"。创造性推进大运河国家文化公园扬州段建设，抓紧实施中国大运河博物馆、大运河非遗文化博览园、世界运河文化展示区等重点项目，加快建成运河大剧院，建设好中国大运河研究院，高标准打造湾头、瓜洲、邵伯等运河特色小镇，高水平承办好世界运河城市论坛和博览会等主题活动，从而提升世界运河之都影响力。

建设一座全面反映大运河历史文化脉络的中国大运河博物馆，是江苏大运河文化带建设走在全国前列和大运河国家文化公园示范段建设的标志性工程。2017年，扬州市规划"一馆多园"项目，其中，选址三湾的中国大运河博物馆纳入省

江都水利枢纽黄金大道

瓜洲入江水道（程建平 摄）

扬州中国大运河博物馆（效果图）

重点建设项目，该项目总建筑面积为 8 万平方米，将成为一座集大运河文物保护、科研、展览及非遗展示、文化旅游体验为一体的旗舰型博物馆。该馆已于 2020 年 6 月完成主体建筑封顶，将于 2021 年 7 月 1 日正式对外开放。

运河联中外　处处是笙歌

扬州城因其地理位置的特殊性，不仅是隋唐大运河乃至国内水运的关键节点，也是海上丝绸之路南线和北线的交汇点，更是陆上丝绸之路和海上丝绸之路连接处的国际贸易中转站。历史上，扬州有很长一段时间是对外文化交往相当广泛与

大运河三湾全景（刘江瑞 摄）

频繁的地区。以波斯、大食人为主的"胡商"，日本遣唐使和留学人员，朝鲜半岛在华文化名人，欧洲在华活动家，都在这里留下了历史的印迹。扬州人也不顾艰险走向国外，传播中华文化。日本派出的遣唐使团，9次经扬州到达长安。扬州高僧鉴真大师应日僧邀请，毅然赴日传法，历经风险，在唐天宝十二载（753）第六次东渡，终于成功，对日本奈良时期的天平文化繁荣起了积极的推动作用，被尊为"日本文化的恩人"。唐开成三年（838）直到大中元年（847），日本高僧圆仁奉敕入唐求法达9年7个月之久，他在《入唐求法巡礼行记》中详细记载了在扬州8个月的所见所闻。韩国人崔致远曾在扬州入高骈幕府，著有《桂苑笔耕集》20卷行世，被韩国人誉为"东国文学之祖"。正是由于扬州与日、韩两国的文化交往源远流长，扬州于2019年当选"东亚文化之都"。伊斯兰教创始人穆罕默德十六世裔孙普哈丁约在南宋咸淳年间，从西域来扬州传教，在扬州生活了10年之久，修建了仙鹤寺，归真后长眠在扬州运河东岸。意大利旅行家马可·波罗曾受元朝大汗委命，在扬州城为官3年，其经历写进了《马可·波罗游记》。

运河文化的本质是开放、包容、沟通、共享，推进大运河文化的保护、传承和利用，需要党委政府的组织领导，需要广泛发动社会力量积极参与，也需要放眼国际，加强运河文化的国际交流。2009年9月，为策应大运河联合申遗，由中国内外运河城市发起、经中国政府批准的世界运河历史文化城市合作组织（简称WCCO）在扬州宣告成立，这是秘书处设在江苏的唯一国际性社会组织。WCCO在加强运河城市国际交流合作、助力中国大运河申遗、推进大运河文化带建设、讲好中国大运河故事等方面发挥了重要作用。

鉴真纪念堂

　　2017 年，江苏省大运河文化带建设领导小组将 WCCO 确定为国际运河文化交流平台，成为我省大运河文化带高质量建设"四梁八柱"的组成部分。2019 年 2 月，中办、国办印发《大运河文化保护传承利用规划纲要》，三处提及 WCCO，强调要"打造世界运河名城博览会（扬州）活动""发挥世界运河历史文化城市合作组织等公益组织作用""发挥扬州世界运河城市论坛等交流平台重要作用"。在 2019 年 5 月 24 日召开的全国政协双周协商会上，汪洋主席要求 WCCO 继续创新中国国际性社会组织的发展实践，在推动大运河文化国际交流和合作、讲好中国大运河故事等方面发挥更大作用。

　　作为 WCCO 主席城市和秘书处所在城市，扬州全力支持 WCCO 的发展，并积极发挥其国际交流窗口、桥梁、纽带、平台作用，进一步讲好大运河"扬州故事"和"中国故事"。WCCO 连续十三届举办世界运河城市论坛，围绕全球运河城市关注的热点问题开展交流，在文化传播、运河治理、可持续发展方面贡献运河城市的智慧，提升论坛的国际影响力。加强与联合国教科文等重要国际组织的联系，争取获得咨商地位，让 WCCO 在更高国际平台上拥有话语权。积极拓展运河领域的国际朋友圈，WCCO 先后参加金砖国家民间社会组织论坛、"一带一路"国际合作高峰论坛、"丝路一家亲"等活动。WCCO 积极推动扬州从大运河申遗牵头城市向运河文化国际交流牵头城市转型，在扬州成功举办首届运河主题国际微电

秋日瘦西湖

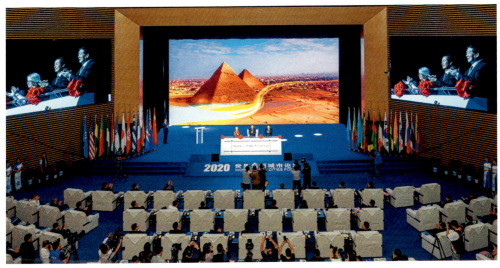

2020 世界运河城市论坛开幕式

影展、国际运河城市文化旅游精品展、首届大运河文化品牌传播国际论坛、世界运河美食嘉年华等活动。与此同时，与国内外运河研究机构和智库合作，共同推动大运河文化遗产的学术研究，每年编撰出版《中国大运河蓝皮书》，积极开展运河学术研究，促进大运河文化遗产的保护、传承、利用和可持续发展。

2020 年运河文化嘉年华

大运河三湾公园

镇江

西津古渡江河水　两岸钟声树色新

镇江境内的运河目前主要有三段，全长 60 公里左右：一段是 42.6 公里的京杭大运河主航道，属国家三级航道，宽阔繁忙；一段是不通航的古运河，16.7 公里，穿城而过，是市区的主要景观性水道；还有一段是 0.8 公里的丹徒闸外引河，与古运河相连，向北汇入长江。

河道多变迁　城镇因运起

当北方的船只沿运河南下，过邵伯闸入江，穿越长江的风浪后，便来到了镇江。镇江段大运河历史悠久，由不同时期的河段组成，入江口曾多次迁移。相传公元前210 年，秦始皇南巡至镇江，看到有王气环绕，于是派赭衣徒凿断湖中的长岗，使河水弯曲后向北注入长江，这就是著名的丹徒水道，又称徒阳运河，南起云阳（今丹阳），北由丹徒入江，因此从秦始皇开凿算起，镇江段大运河已承载了 2200 多年的历史。

苏南运河示位标（江河交汇谏壁口）

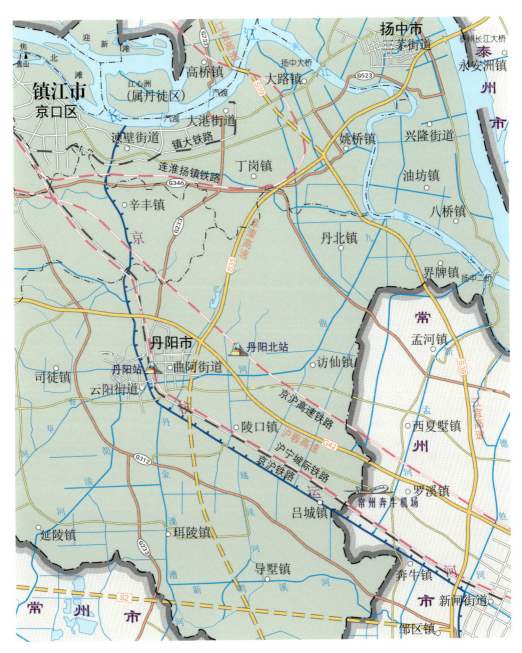

大运河流经镇江示意图

　　公元 208 年，为了称霸江东，孙权将政治、军事中心从苏州迁到了镇江北固山一带，修筑铁瓮城，时称京口。铁瓮城成为镇江历史上建造的第一座城市，1700 多年来的历代镇江郡、州、道、府的政治、文化、经济中心，都建在铁瓮城鼓楼岗一带。孙权还续开了秦始皇引江北流的河道，先向西再向北从北固山东侧入江，时称京口

穿城而过的古运河（曹厚庆　摄）

河，入江口也称甘露口。京口河的开凿、入江口的西移和铁瓮城的建立深刻影响了镇江城市的发展，便利的交通使镇江从一座军事城堡变为重要的商业都会。

公元610年，为适应统治需要，沟通南北联系，隋炀帝征发民工开凿江南运河，以洛阳为中心，北起北京、南到杭州的隋朝大运河全线贯通。长江和运河在镇江构成了国内最大的黄金十字水道，镇江成为江南运河入江通道的主口门，漕运地位开始上升。唐开元年间，润州刺史齐澣在瓜洲开挖了著名的伊娄河，避开了江上行船的风险，缩短了船只绕行瓜洲的路程，并将大运河入江口西移到了大京口（今中华路一带），进一步缩短了漕船过江的距离，使船只出入长江与运河更加便捷，镇江

北固山长江锁钥石坊（贾传军　摄）

开始成为漕运咽喉，引领风骚千百年。

隋唐和宋元时期的大运河镇江城区段穿城而过，两岸勾栏瓦肆，酒家林立，风光无限。到了北宋时期，漕运日益繁忙，入江口常常船只拥堵，为减缓大京口的压力，在京口港东侧开凿了另一条河道，史称新河，志载："天圣七年（1029）五月，两浙转运使言：润州新河毕工。降诏奖之。"该河南北走向，长约里许，南端与穿城运河连接，北首入江口称新港，也称小京口，是市区保护完好的运河入江口门。新河东侧的街道因此而繁华，史称新河街，现为全国重点文保单位。

明初，漕渠线路发生改变，官府开凿了转城运河，将镇江府城西、南两面的城壕与漕河连通了起来，而这条由城壕充当的漕河支流，就是今日镇江城区古运河的重要段落。明代中期，镇江府城段穿城运河成为漕河间道，变为服务城内百姓生活的水路干道，偶尔承担分流漕船的任务，而西、南城壕水道成为漕河的主流，成就了明清漕运的繁荣。

随着海运兴起，铁路开通，镇江古运河段的漕运功能在 20 世纪初基本结束，京口港及其河道逐渐被填平，1929 年修筑成中华路，穿城漕渠（清代改成关河）也在 1928 年后逐渐淤塞，不见踪影。1958 年新京口闸和谏壁节制闸建造后，古运河上不再有大型船只经过，运河的入江口东移到谏壁口。1980 年，新修建的谏壁闸投入使用，古运河彻底不再通航。运河多口入江的历史至此结束，沿江自西向东的 5 个入江口门构成了丰富的文化遗产群，即大京口、小京口、甘露口、丹徒口和越河口，并在入江口处形成了江口镇、丹徒镇和谏壁镇。运河沿线也兴起了许多城镇，例如丹徒区辛丰镇（丹阳境内称新丰）、丹阳市、吕城镇、陵口镇，都与运河结下了不解之缘。

新河街商业遗存

新河街文保碑

镇江谏壁口与谏壁船闸（陈大经　摄）

古运河

潮平两岸阔　风正一帆悬

镇江因其独特的地理位置——江河交汇和独特的地势地貌——江南屋脊，加上不同时空文化的影响，如南方的吴越文化、北方的淮扬文化、西面的金陵文化、近代的西方文化等，形成了别具特色的运河文化。主要有规模盛大的漕运文化、繁荣富庶的商业文化、可歌可泣的军事文化、绵延不绝的慈善文化、巧夺天工的水利文化、传诵不已的诗词文化和丰富多彩的民俗文化等，它们在历史的尘埃里闪烁着光芒，浸润着百姓生活，塑造着城市的性格。

自从孙权迁都到京口、开凿了京口河之后，镇江很快就成为军事重镇和商业都会，京口河上不仅输送着孙吴的军队和粮草，还有众多的人口与商品。因北方战乱，中原人口南迁，"永嘉南渡"后，许多人在京口定居，从事商业活动。隋朝大运河的贯通使京口（镇江）成了扼守江南运河咽喉的重要城市，镇江大运河的通畅与堵塞开始具有全国性的影响，并逐渐成为江河交汇点上的生命线。南宋著名学者吕祖谦在《历代制度详说》中称："唐时漕运大率三节，江淮是一节，河南是一节，陕西到长安是一节……此三节最重者京口……京口是诸郡咽喉处。""粮艘次第出西津，一片旗帆照水滨"就生动地描写了漕船从镇江过江的情景。中唐时，经镇江水路中

金山景区入口（贾传军　摄）

焦山

金山

（本页摄影：贾传军）

转的两浙漕米占到全国漕运量的1/4以上。唐代经镇江运输的不仅有粮食，还有大量布匹和轻货。这些轻货主要有丝绸、铜器、珍珠、象牙和沉香等。江南运河还输送各地的"土贡"，大量所辖地区的土贡在镇江集结北上。杜甫有诗云："云帆转辽海，粳稻来东吴。越罗与楚练，照耀舆台躯。"清楚地提到了通过大运河向北方运输的货物。

北宋时期，通过镇江北运的漕粮占年定份额的50%，并设立了转搬仓方便漕粮的中转。南宋定都临安（即杭州），镇江成为南宋政权的门户、抗金前线最重要的保障，是南宋长江中上游及淮南各路漕粮贡赋的集散地。经镇江中转临安的漕粮每年占各路漕粮总数的68%。镇江成为粮食仓储、转运中心和南北货物集散中心，造船业、手工业也因此更加兴盛起来。明永乐年间，政府修复了遭战争破坏的江南运河，

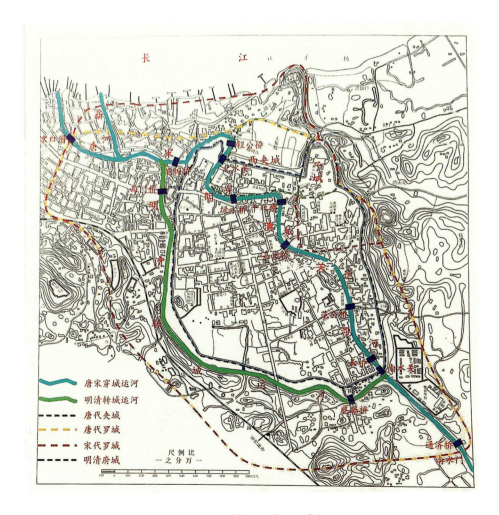

唐宋穿城漕渠和明清转城运河对比图（出自刘建国《守望天下第一江山》）

经镇江中转北上的漕粮占 45% 以上。另外明代准许漕丁随船附带土宜，并可沿途自由贩卖，这一开放政策极大地刺激了商品流通，使镇江不仅是漕运的枢纽，也是各类商品和土特产交流的重要市场。这一时期，镇江木材贩运业也兴盛起来，镇江的鲇鱼套是江苏最早的木材集散地，明代中叶有"江南木业早期鼻祖"之称。漕运到清初发展到顶峰，镇江运河上每年有 9 个月左右船粮往来不断。清代诗人查慎行的"舳舻转粟三千里，灯火沿流一万家"就是当时江河交汇处繁华景象的真实写照。正在建设中的大运河国家文化公园镇江段的核心展示园——西津渡与新河街公园就坐落在这里。

第二次鸦片战争失败后不久，镇江于 1861 年正式开埠，成为长江中下游除上海之外的第一个通商口岸，商业开始畸形繁荣，同时也带来了中西方文化的交融和近代民族工商业的发展，时有"银码头"之称。大运河漕运和商业的繁荣深深影响着镇江的城市发展格局，直到 20 世纪 80 年代，大西路、京口闸一带都是镇江的繁华中心，人们在那里可以批发到南北各种货物。城市东部临江的丹徒镇也人声鼎沸，傍晚丹徒闸外引河内停满了船只，灯火辉煌，热闹非凡。镇江的木材业、金融业、丝绸业、酿酒业、造船业、金银器手工业都曾在江南地区乃至全国产生过一定的影响。

西津渡古街

西津渡民居

镇江老运河通航时长江入口处

（本页摄影：贾传军）

镇江的地理位置使之成为兵家必争之地，历代在江河交汇一带发生的战争有文字记载的就有数百次之多。孙权、刘备联军赤壁之战中的火攻方案据传就是在蒜山上商定的。南宋名将韩世忠在江上大战金兵，他用8千人的军队将号称10万人的金兵围困在江中的废港黄天荡中长达48天。他的妻子梁红玉为鼓舞军队士气，在江中的金山击鼓助威。他们的事迹传遍江淮，激起了人民的抗金情绪，一段时间内阻止了金兵渡江南侵。1660年，郑成功统帅大军沿运河进入长江，在镇江江面，重创清军，成功收复镇江，一定程度上延缓了南明政权灭亡的进程。鸦片战争爆发后，1842年7月21日，镇江军民与英军进行殊死搏斗，展开了一场英勇的抗英保卫战，给予英军沉重的打击。至今镇江焦山古炮台的墙壁上还有着累累弹痕，镇江人民的抗英精神将被后人永远铭记！

抗日战争时期，镇江地处沪、宁两地之间，既有便捷的铁路、公路相连，又有大运河沟通南北，早被日军觊觎。1938年7月1日夜，新四军一支队二团一营在丹北抗日游击队及群众配合下，突袭丹阳大泊镇黄泥坝村西的新丰火车站，主动进攻日军据点，激战两小时，全歼敌军40余人。今车站、碉堡均保留原状，是中国人民英勇抗日的历史见证。新四军的王牌之旅——由粟裕任师长的第一师，为完成战略

焦山古炮台遗址（孙伟　摄）

救生红船

新丰车站抗日战斗旧址

京口救生会

任务，先后三次胜利渡过位于镇江东南侧的辛丰段大运河，让敌军惊吓不已，写下了江苏抗日战争史的精彩一页。

　　大运河镇江段有独特的慈善文化。隋唐时期由于江面开阔，波涛汹涌，渡船条件有限，加上天气多变，渡江经常遇到各种危险，丢失钱财甚至丢掉性命时有发生。为了加强渡江的安全管理和救护，宋代镇江知府蔡洸在西津渡创设救生会，这是带有慈善性质的水上安全救助机构，是"世界上最早的专业人命救助机构"。蔡洸命人置办了五艘大船，以"利、涉、大、川、吉"为标识，后历代延续，善举不辍。明末清初，金山寺僧和当地士绅在金山脚下设救生红船数艘。这些船船体为红色，船头挂有虎头牌，红船出渡救生时，船夫敲起大铜锣，渡口各船均要让道。

　　西津渡救生会的建立对清代漕运管理影响很大。后来，清政府命仿效民间救生船的方式，官造护漕船10艘，分泊于长江南北两岸，漕船遇风，即出救护。到了清康熙四十二年（1703），京口蒋元鼐等10多人在西津渡观音阁创立京口救生会，专门负责打捞沉船和江中救生事宜。各界人士纷纷解囊相助并善待救生会义士。镇江府也租用民船，又添置红船，从事救生活动。一时，不仅镇江沿江各渡口，而且江西、湖北、安徽以至大江南北，到处都有救生红船。清代京口救生会直到民国年间，才完成了它的历史使命。其创设之早、规模之大、影响之深远、遗址保存之完好，堪称中华之最。现西津渡历史文化街区有一处救生会博物馆，较为全面地记录了创办与经营的历史。

除了救生会，西津渡还设有义渡局。1872 年至 1950 年近 80 年间，西津渡小码头到对岸的瓜洲有一种大型航船，每天定时来往行驶，装载旅客，不收费用，名叫"义渡船"。管理船只的机构叫瓜镇义渡局，总部就设在西津渡的小码头，最早由浙江余姚商绅魏寿昌与族人出资设立。虽辗转多人掌管业务，但绵延近 80 年。目前义渡局旧址已修缮，义渡码头也得到了保护。镇江大运河沿线曾有多处义渡码头，丹阳上栅口至今还矗立着一块义渡碑，该碑立于嘉庆二十一年（1816），已有 200 余年的历史，记载了上栅口渡口在清代修建新渡船，因资金缺少，由普信僧化缘的一段历史，村民集资的具体数目和经费的使用情况依然清晰可见。

北宋时期，由于泥沙淤积，海门远去，江潮已不能抬升运河水位，为了保证运河出江口的水源，北宋元符二年（1099），曾孝蕴创建京口澳闸，即在京口港内建有 5 闸，自西向东分别为京口闸、腰闸、下闸、中闸、上闸。此外，在下闸与上闸之间的北侧开挖有两个水澳，即归水澳和积水澳。曾孝蕴兴建的澳闸系统，使漕船的上行通航更为便利。南宋伊始，宋金对峙于两淮，镇江成为军事后勤基地，政府在镇江设立了总领所。1214 年，镇江知府史弥坚奉旨疏浚漕渠、修复澳

京口闸遗址东闸体

京口闸码头遗址正面

京口闸码头遗址俯视

京口闸遗址中的绞关

闸。主要包括京口港 5 闸、归水澳、转搬仓、甘露港、海鲜河等，完善了漕船的下行系统。宋代京口港及甘露港的澳闸系统，以其完善的规划设计、工程设施以及严格的管理，达到了引潮行运、蓄积潮水、水量循环利用等综合性工程效益，奠定了其在我国船闸发展史上的重要地位，是我国水利工程技术在 13 世纪领先世界的证明。

破冈渎文保碑（高逸凡 摄）

　　公元 245 年，为保持都城建业与经济中心太湖流域的航运通畅，避开船只从丹徒水道进入长江航行的风险，孙权派陈勋发屯兵 3 万，凿句容中道，开破冈渎，使吴会船舰能够通行，建上、下埭。上七埭进入延陵县（今丹阳西南）县界，下七埭进入江宁县（今属南京）县界。河道东西走向，西通秦淮水系，东与徒阳运河相连，大约使用了 400 年，隋炀帝下诏废止。破冈渎上的"埭"是中国最早有文献记载的埭，是今日船闸的雏形。所谓"埭"，就是在河道上用木材和泥土筑一道坝，起到蓄水提高河道水位的作用。破冈渎是领先世界的爬山运河，因为河道沿途修筑了 14 埭，从而使水位差分散于各河段之间，形成梯级航道，其形式是现今苏北大运河梯级船闸的鼻祖，充分展示了当时镇江河工技术

北固山东吴文化长廊（贾传军 摄）

的巨大成就。

1700 多年前，西晋初年永兴年间（304-306），陈敏占据江东，为解决丹阳一带的水患和农田灌溉，令其弟陈谐主持修建了一项水利工程——练湖。当时丹阳练湖的地势高于运河，与运河中间只隔一条长堤。此段运河河道，两岸壁立千仞，夹岗地段，舟楫难行。而练湖水量丰富，于是时人决定以练湖之水，济漕运之厄，史有俗语"湖水放一寸，河水长一尺"。这是一项水利工程的人工水库，兼具了江南运河镇江段的水柜作用。后来历朝不断疏浚修复练湖，其功能在明清时仍以济运为主，有"七分济运，三分灌田"之说。后由于淤积和围垦，湖身逐渐浅狭，作用也逐渐缩小。但历代对练湖水库严格的管理、巧妙的利用，充分保障了历史上大运河的畅通。还有一项杰出的水利工程，就是当代的谏壁船闸水利枢纽。1980 年，修建完工的谏壁船闸投入使用后，成为京杭大运河苏南段唯一的直达通江口门，素有"江南第一闸"之美誉。改革开放 40 多年来，谏壁船闸多次修建，大运河河道不断拓宽、改造与升级，通航能力不断提升。2017 年，镇江段 42.6 公里的主航道全面完成整治任务，达到国家内河三级航道标准，2017 年全年船舶通过量达 1.5 亿吨，推动了镇江水运经济的发展。2018 年 7 月，谏壁船闸成为全省航道系统第一批推行"水上ETC 便捷过闸系统"的大型船闸，技术与管理都走在了最前沿，代表着当代水利工程的超高技术。

北固风光好　金山水连天

大运河镇江段积淀的文化不胜枚举。南来北往的人们带来了美食、诗歌与音乐，不同的文化在这里汇合、碰撞与交融，展现出光芒与火花，无数名人在镇江留下了众多的文化遗产。

盛唐诗仙李白的《丁督护歌》："云阳上征去，两岸饶商贾，吴牛喘月时，拖船一何苦……"描绘了船运之苦；七绝圣手王昌龄的《芙蓉楼送辛渐》："寒雨连江夜入吴，平明送客楚山孤。洛阳亲友如相问，一片冰心在玉壶。"抒发了纯洁的友情；留作不多的王湾因一首《次北固山下》："……潮平两岸阔，风正一帆悬。海日生残夜，江春入旧年……"而永远占据了镇江诗词的一席之地；豪放派词人辛弃疾的一首《永遇乐·京口北固亭怀古》："千古江山，英雄无觅孙仲谋处……"让吟诵者感受到了豪迈与激情；晚唐诗人许浑的"溪云初起日沉阁，山雨欲来风满楼"广为传诵；而张祜用诗句慰藉着夜宿江边的旅人，"金陵津渡小山楼，一宿行人自可愁。潮落夜江斜月里，两三星火是瓜洲"。清代龚自珍因滞留运河边的都天庙会

焦山碑林之瘗鹤铭

谏壁船闸

（本页摄影：贾传军）

写下了"我劝天公重抖擞，不拘一格降人才"的名句。还有苏东坡、白居易、陆游、文天祥等都留下了许多瑰丽的诗文，使镇江于2016年荣获"中华诗词之市"的称号。

西津渡街心的张祜雕塑

破冈渎的开凿为南朝齐梁时期的王孙祭拜祖陵提供了便捷的水道，萧氏家族的先祖从东海兰陵县过江，定居在丹阳，两朝帝王死后都归葬于此，皇帝和宗室们谒陵时沿破冈渎进入丹徒水道，再经萧梁河到达陵区，陵口和萧港都据此命名。目前，丹阳境内分布着十多座帝陵，精美的南朝石刻彰显着那个时代的审美，南朝石刻正在申报世界文化遗产。丹阳段大运河还有众多遗迹，如南门漕运码头、季河桥（完整体现了明代江南石拱桥的工艺特色）、开泰桥（始建于明万历年间，丹阳古运河上一座古桥）、三思桥（建于元代，明、清时多次维护，现仍使用）、万善塔（始建于明嘉靖年间，依运河而立，是古城丹阳的标志，亦有镇水之意）等。

南朝宋代开国皇帝刘裕的故宅遗址就在离河不远的寿邱山上；京口出生的刘勰留下了著名的《文心雕龙》；沈括在范公桥北造园著书，梦溪园是镇江名园，《梦

陵口义渡碑

丹阳万善塔

溪笔谈》更是皇皇巨著；范公桥最初为范仲淹所建，后经辛弃疾重修，遗址尚存；发明世界上第一座天文钟水运仪像台的苏颂少小离家老大回，建宅于朱方门外；晚唐诗人许浑移居丁卯，几与杜甫齐名，有"许浑千首诗，杜甫一生愁"之说；清朝宰相张玉书家住南门运河外，深得康熙重用，主编《康熙字典》；晚清文学家刘鹗在古运河畔的上河边，度过了童年与少年时代，一生以丹徒人自称，写下了著名的《老残游记》，编成《铁云藏龟》六册。诺贝尔文学奖获得者、著名作家赛珍珠在镇江度过了难忘的18年，她的故居就坐落在西津渡南面不远处的登云山上。江苏工商界著名人士、实业家陆小波的故居则紧邻京口闸遗址，在大京口与小京口之间。

山水形胜的自然风貌使众多的移民既可在镇江感受江南的温婉，又可在离家最近的南方遥望故乡；属北方语系的镇江方言扫除了沟通的障碍，锅盖面、京江脐、泥叫叫、新丰酒、恒顺醋、梅庵琴颐养了一方百姓，多元包容的文化让这里的人们找到了归属感。在英国领事馆旧址上改造的镇江博物馆内收藏着众多的文物，与风貌独特、保存完好的建筑本体一起见证和记录了大运河文化的变迁。

恒顺醋坊

锅盖面

运河边小超市　　　　　　　（本页摄影：贾传军）

绿叶映城林　铺展新天地

　　镇江市大运河文化带建设工作领导小组高度重视大运河文化的保护、传承、利用，积极开展了多项工作。文物局梳理了 76 处大运河文化遗产；博物馆对重要的大运河遗址，如丹徒口、会莲庵街等处进行考古；水利局进一步整治水环境、保护水工设施；文广旅局开展多种文化活动、加强文旅深度融合、活化利用运河文化遗产。2018 年 12 月底，镇江市大运河文化带建设研究中心成立，市社科联设立了"大运河文化专项课题"，大力推动研究工作的开展。2019 年 11 月 9 日举办了"大运河文化月"开幕式，成立了大运河文化带建设研究院镇江分院，举办了首届大运河文化论坛，出版了首部研究成果集，成立志愿者联盟，大力宣传大运河文化，走进学校讲好大运河故事。镇江市委宣传部聘请省规划院编制《镇江市大运河文化保护传承利用规划》，相关职能部门根据自己的职责与分工，确定大运河文化重点建设项目，包括"镇江大运河分布式生态博物馆"等若干项，积极筹措资金，对接国家和省级层面的顶层设计，进一步明确现阶段大运河国家文化公园镇江段的"点带园"建设内容，有计划、分步骤、高质量地推进大运河的保护、传承、利用。

（图文 / 钱　兴）

小京口——古运河与长江交汇处（陈大经　摄）

丹徒段的黄金水道（丰成银 摄）

大运河航拍（武刚 摄）

新安江闸口眺瞰（朱武江 摄）

运河依城书香溢　每领风骚在延陵

　　常州又称龙城，素有"中吴要辅、八邑名都"之称，是吴文化的重要发祥地之一。城市地形地貌以长江三角洲平原及太湖、滆湖冲积平原为主，属长江水系太湖水网区，大运河穿城而过。历朝历代依托运河，相继构筑起常州内子城、外子城、罗城到新城的城厢格局。城区内以水系为轴，"水陆并行、长街沿河、短巷向水"。常州境内大运河全长 45.8 公里，其中世界遗产段落西起连江桥、东至东方大桥，长 23.4 公里，是沟通长江、太湖的重要通道，由古运河、南市河、老孟河及其相关水道构成。

新老运河交汇处

大运河流经常州示意图

名传文明史 三河并四城

周灵王二十五年（公元前547），吴王余祭封其弟季札于延陵，常州开始了长达2500多年有准确纪年和确切地名的历史。公元前495年，吴王夫差为北上争霸，在前人基础上，从今苏州望亭往西，经无锡至常州孟河，开通了江南大运河的前身——吴古故水道。由常州孟河入长江的古江南运河，长170公里，相关水系大约包括孟河40公里，市河6.5公里，关河6.2公里，德胜河21.5公里，古舜河22.5公里，西蠡河31.9公里，丹金溧漕河48公里，胥溪42公里。公元前210年，秦始皇下令开凿丹徒至丹阳的运河，后经汉朝、孙吴、萧梁、隋朝历代开凿和疏通，从京口到杭州的江南运河全线贯通，太湖水系的脉络逐渐清晰。

西汉初年，延陵县更名毗陵。西晋武帝太康二年（281），设置毗陵郡，初以丹徒县为治所，不久移治毗陵县，辖毗陵、丹徒、曲阿、武进、延陵、无锡、暨阳7县。晋怀帝永嘉五年（311），毗陵郡、毗陵县均改名为晋陵。隋文帝开皇九年（589），废晋陵郡，置常州，辖晋陵、江阴、无锡、宜兴4县。期间，大运河几经疏浚、改造，以便漕运。至唐玄宗年间，天下漕粮"三年积七百万石"，江南漕粮算来已达数百万石。中唐以后，江南运河两岸得到更大程度的发展，大和三年（829）白居易作诗回忆昔日江南风景，夸赞江南有"平河七百里，沃壤二三洲"。唐会昌四年（844），中央升常州等第为望，列全国十望州之一。唐末五代，常州属杨吴。北宋中央财政尤其依赖江南，中吴重镇常州尤为东南根底，谚称"苏常熟，天下足"。"靖康之变"后，北方人口又一次大规模南迁，大运河是赵宋皇室和广大官民南迁的最主要线路，大量移民定居江南运河两岸，常州人口达到历史最高水平。

明清时期，常州经济更加发达。清康熙十九年（1680），江宁巡抚慕天颜奏称："江南财赋甲天下，苏、松、常、镇课额尤冠于江南。"雍正四年（1726），因人口密集、赋税繁多，为降低管理难度，常州府所辖武进、无锡、宜兴3县被一分为二，新设阳湖、金匮、荆溪3县，加上江阴、靖江2县，共领8县，因此被称为"八邑名都"。

晚清黄河改道，大运河北方航道遭阻断，有的河段甚至淤为平陆，只能分段通航，大运河漕运被迫中断，而江南运河的生命力却并未受到显著影响。随着上

古运河（贾传军　摄）

毗陵驿

明清运河

（本页摄影：贾传军）

海的兴起，江南运河异常繁荣。常州城从怀德桥到水门桥的古运河两岸，百工居肆、商贾云集。南运桥、青山桥一带是江南豆类、粮食、土布等的主要集散地，豆类年销量五百万担左右。来自苏、沪、杭等地的棉纺、丝绸织物、西药、洋货等，从常州运河码头经长江转销内地，东门外水门桥堍至今还保留着民间集市上"三"的节俗。每月农历逢"三"（初三、十三、二十三），四乡八邑的商贩汇集交易，各色商品琳琅满目。

在城市持续繁荣的同时，大运河常州城区段经历了三次改道。

元至正元年（1341），常州路判官朱德麟疏浚城南渠（现为吊桥路）分流大运河，来往船只通过两条水道穿城而过。河流从土龙嘴大水关入城，沿横兴弄、经吊桥路，在元丰桥与古运河汇合。此为第一次改道。

明万历九年（1581），因城南渠狭窄、淤积严重，时任常州知府穆炜，在城南渠南边开凿新运河，过土龙嘴到南门外，经广化桥到舣舟亭，与古运河汇合，这段新运河被称为"明运河"。此为第二次改道。后来，又在太平桥东（东太平桥）筑坝开河，古运河改道飞虹桥，与明运河合流。

运河旧影

水上运输（贾传军　摄）

　　20世纪八九十年代，大运河常州段经过疏浚拓宽，达到四级航道的标准。2004年，常州市委、市政府对大运河常州段进行南移，利用原大通河等老河道开挖新河，新河段起于德胜河与大运河的交汇处，在戚墅堰丁堰横塔村与明运河汇合。此为第三次改道。

　　古运河、明运河，加上与之相通的关河，和位于它们之间的内子城、外子城、罗城、新城等四座常州古城，构成"三河并城""三河四城"的景观。常州"城水相依、人水相亲"，城市人口的集聚、经济的发展、文化的繁荣，与大运河密不可分。

　　六朝以来，常州便是贡赋必由之路、漕运重要驿站，"舟车会百越，襟带控三吴"是常州运河繁荣的真实写照。明清时期，常州码头商贾云集、会馆林立，陆续形成"豆、木、钱、典"四大行业，到了近代，大运河常州段催生了本地的民族工商业。如今，大运河常州段两岸的文物古迹鳞次栉比，有水利工程遗产48个，聚落遗产9个，其他物质文化遗产110个，形成以青果巷为代表的街巷文化，以"唐氏八宅"为代表的名宅文化，以近园、意园、东坡公园为代表的园林文化，以天宁寺为代表的宗教文化，以运河五号为代表的工业遗产文化等多种形态。

　　水利工程遗产主要包括古桥、码头等。古桥有锁桥、中新桥、新坊桥、彩虹桥、万缘桥和宝善桥及1个历史建筑——古纤道；码头则有御码头、大码头、尚书码头、

淹城遗址

表场轮船码头与白云渡等。闸、堰和坝等见证并记录了古运河历史,如新闸、奔牛闸、孟城闸、魏村闸(烈塘闸)、戚墅堰、石龙嘴以及文成坝等堤坝。

历史文化遗址有淹城遗址、圩墩新石器遗址、阖闾城遗址、圩墩遗址、寺墩遗址、渭城遗址、象墩遗址、姬山遗址、新岗遗址和三星村遗址等;古建筑遗址有前北岸明代楠木厅、天宁寺、文笔塔、舣舟亭、毗陵驿、荆溪馆、临清会馆、洪都会馆、全闽会馆道台府(将军楼)、材罩屋旧址、晋陵白氏宗祠遗址和吕宫府等,还有大量的古墓葬遗址、石刻及铸造遗址、庙宇及庙宇遗址。

聚落遗产主要是3条历史文化街区(青果巷、前后北岸、天宁寺——舣舟亭)和6条老街,即孟河老街、魏村老街、小河老街、西夏墅老街、余巷老街与奔牛老街。其中,青果巷历史文化街区东起和平北路,西至南大街,与大运河平行。历史上,由于紧邻运河,是南北果品集散地,旧有"千果巷"之名。明万历年间大运河改道后,这里由繁华的运河商市变成了官商聚居之地。青果巷是常州古城的缩影,被称为书香门第院套宅,展现出一幅粉墙黛瓦、小桥流水、枕河而居的画卷,曾走出数百名进士与名人,有"江南人文古巷"与"江南名人第一巷"的美誉。街巷尚存百余栋明、清及民国民居,各级文保单位11处,历史建筑17处,遗存古井10余口。典型的江南风格民居和古树、古井叠加,相映成趣,河与街连通围合,历史文化遗存生机勃勃。

东坡公园（贾传军 摄）

青果巷历史文化街区航拍

魏村老街

孟河老街牌坊

常州方志馆内群像

缘河兴实业　棉纺开其源

　　清朝晚期，大运河被截断，漕粮改走海道。常州漕粮转运中心的地位被无锡取代。在此变局中，常州农村手工业和商业转而获得了新的发展机遇，工业化初现端倪。土布业、梳篦业、粮油加工业的产品广销省外，梳篦甚至行销海外。手工业原料洋纱、油籽和制作梳篦所用的竹木等，则从遥远的原产地采买而来，不局限于本乡本土，区域贸易迅速增长。随着土布业的发展和投梭机、手拉机、脚踏机等新式织机的运用，纺织业也从分散的手工作坊向工厂化发展，常州经济日益突破地域限制，走向全国和国际市场。以裕纶纱布厂等为代表的工场手工业相继出现，公盛堆栈成为常州第一家以柴油机为动力碾米的近代粮食加工厂。1912年，常州第一家机械制造厂——厚生机械厂成立，这是当地机器制造业的开端。此后，织机、煤油发动机、碾米机、磨粉机等机械加工制造业雨后春笋般出现，常州开始了近代工业化的征程。

　　常州杰出的企业家，有倡导洋务运动的盛宣怀、商业领袖刘靖基、厚生制造机器厂创办人奚九如、纺织工业鼻祖蒋盘发和大成纺织染公司的创办人刘国钧等。大运河两岸是首选的办厂用地，常州几乎所有的近代工业都是沿着大运河展开。

第五毛纺织厂

国光创意园

古运河沿岸的 10 余处工业遗存，见证了常州民族工业的发端，亦是常州纺织、机械工业发展的缩影。常州工业遗产按建造时期大致分为三类。中华人民共和国成立前，民族工商业企业建筑及构筑物遗存主要以纺织印染业为主，包括第五毛纺织厂、大成一厂、大成二厂、大成三厂及戚机厂的老厂房、老设备等；中华人民共和国成立初期，工商业企业建筑构筑物遗存包括戚机厂、江苏多棱数控机床股份有限公司、常州科研试制中心有限公司的厂房和高大厚重的机械设备；20 世纪80 年代的工商业企业，包括工矿车辆有限公司、武进奔牛电子化工有限公司、迪尔绝缘厂、武进双湖粮油机械厂的办公楼及其厂房。

目前，常州历史较久、规模较大、保存较好的工业遗产项目主要有 8 家，即运河五号创意街区、中车戚墅堰机车有限公司、中华纺织博览园、常州梳篦厂有限公司、大成一厂旧址、常州名力纺织厂、国光 1937 科技文化创意园、常州第二电子仪器有限公司光学制作车间。工业博物馆 2 家，即常州龙城梳篦博物馆、恒源畅历史陈列馆。工业遗产开发使用的功能，大体分为文化创意街区、开发工业旅游项目和开设工业博物馆三类。运河五号文化创意街区主要利用原常州恒源畅厂、常州第五毛纺织厂等工业遗存和文化遗迹，改造建成以设计服务为主要门类、汇集各类创意文化人才和企业的文化创意街区。2020 年，常州恒源畅厂获批第三批国家工业遗产，运河五号从"古运河畔老工厂"到"常州文化新码头"完成华丽转身。目前，街区是国家级工业遗产，并享有两岸文创产业合作实验示范基地、长三角优秀文化产业集聚区、中国创意产业最佳园区奖等殊荣。在这里，可以领略"一座常州老厂房，半部近代工业史"的传奇。

中华纺织博览园是以大成三厂旧址建筑群为依托规划建设的项目，位于古运河南侧，总建筑面积51万平方米。大成三厂旧址是江苏省文物保护单位，近现代重要史迹和代表性建筑。它是常州市目前保存体量最大、最为完整的早期纺织业建筑遗存，已列入常州市建设历史文化名城重点项目，正在建设集旅游、文化、休闲、购物和居住功能于一体的城市综合体，以实现工业遗存保护发掘、特色旅游开发、纺织工业科普教育等功能的有机结合。国光1937科技文化创意园位于江苏国光信息产业股份有限公司老厂区内，是常州市唯一的电子工业遗存建成区。秉承"以产促城、以城兴产、产城融合"的理念，正精心打造集餐饮、休闲、商务办公、产品发布于一体的园区。国光1937目前保留的工业遗产，基本上都是20世纪六七十年代的建筑，见证了我国电子工业（计算机工业初期）的发展历史，国内唯一的20世纪60年代铜网织机和为第一颗原子弹、第一颗人造卫星配套的屏蔽室产品也在此展示；常州梳篦距今已有

标有"运河记忆"的水塔

中华纺织博览园

运河五号创意街区

1500 多年历史，曾有"宫梳名篦"之称，"白象梳篦"是常州梳篦的金字招牌，多年来荣获国内外金、银质奖数十枚。常州梳篦博物馆由常州梳篦厂和常州市园林局合作筹建，是全国唯一的梳篦博物馆，为中华文化示范基地。

儒风盈巷坊　名士耀龙城

常州素有"开吴之地，名士之城"的美称，自古人文荟萃。早在 5500 多年前的新石器时代，常州先民的聚落点分布已经呈现一定密度，出现了发达的玉石文化和制陶文化。公元前 547 年，吴王封其弟季札于延陵，人称"延陵季子"。季札三让王位，多次出使中原列国，他"挂剑重信"、"观乐知礼"的故事，成千古美谈，他高贵的诚信品格和高尚的审美情操，成为常州文化最重要的养分。

唐朝杜佑在《通典》中称："永嘉之后，衣冠违难，多所萃止，艺文儒术，斯之为盛。"西晋永嘉之乱后，北方大批文化家族避乱江南，很多定居在晋陵郡界，常州文化迎来了第一个繁荣时代。隋唐大运河的开通，进一步促进了南北文化的交流，常州城市文化在吸收外来文化的过程中迅速成长。唐肃宗年间（756-762），常州刺史李栖筠"大起学校"，宏大州学之规模。此后，常州多任地方长官都曾扩建州学，使常州州学无论办学规模还是教学水准，都居江南前列。

唐宋古文运动的重要人物独孤及曾任常州刺史，柳开、王安石等都曾任常州

季子嘉贤坊

藤花旧馆

知州，他们强调文以载道、改革文风、复兴儒学，积极推动当地教育事业发展。北宋大文豪苏东坡与常州籍官员钱公辅、钱世雄等交往密切，更对常州城情有独钟，他一生十余次从水路舟行来到常州，终老在常州藤花旧馆，他向上的审美心性和强调比兴的美学观，对后世常州文化有着深远的影响。两宋时期，学者杨时在常州讲学，创办了著名的龟山书院，他是南北儒学交汇第一人，倡导"至圣"和"力行"，将常州学风传统中重道德、讲致用的原则发扬光大。以苏东坡、杨

史绍熙与学生在一起

华罗庚

时为代表，唐宋时常州文化形成了重诗文、兴教育的氛围，代代传承不绝。后世常州涌现出一大批文化名人和教育家，从元代的谢应芳到近现代的张鹤龄、蒋维乔、梅贻琦、瞿世英、华罗庚、史绍熙，他们都在这一氛围中学习成长，终生以传道授业为业。

常州学术文化走向成熟是在明代，《永乐大典》都总裁陈济就是常州人。有明一代，常州学术的代表人物首推唐顺之（号荆川）。唐顺之学识渊博，对天文、地理、数学、历法、兵法及乐律皆有研究，提出师法唐宋而要"文从字顺"的主张，著有《荆川先生文集》《右编》《史纂左编》《荆川稗编》等。美国学者本杰明·艾尔曼曾言，以唐顺之和同时期的薛应旂，以及他们的子孙唐鹤徵、薛敷教为纽带，与晚明最有影响的东林党之间形成了学术传承。

清代，常州学派更加繁荣。文史领域成就卓著的，有恽格、于敏中、庄存与、

荆川公园

赵翼《廿二史札记》

恽寿平花鸟图册

青果巷牌坊

赵翼、黄仲则、孙星衍、恽敬、刘逢禄、张惠言、李兆洛等，名人辈出、星光璀璨。常州学派、常州诗派、常州词派、常州画派、阳湖文派、孟河医派竞相涌现。其中，常州学派、阳湖文派、常州词派影响尤为深远。以庄存与、刘逢禄为代表的常州学派，是清朝中后期经世致用思想发轫的学术渊薮之一，可谓引领了中国近代学术风气的转型。清朝诗人龚自珍在《常州高材篇》一诗中，以"天下名士有部落，东南无与常匹俦"概括常州的人才辈出。

常州的文化名人多数居住在城市，特别集中在城东的白云溪和城西的青果巷两个街区内。其中，白云溪一带前后北岸数百米的小街上居住过5位状元、3名榜眼、3名探花和常州画派的恽南田以及"毗陵七子"中的6位，使得当地获得"常州千年古街巷，半湾都是诗人屋"的美誉。青果巷在近现代走出的文化名人，最广为人知的是被称为"中国现代语言学之父"的赵元任，他同时也是中国现代音乐学先驱，"中国科学社"创始人之一。其语言学著作有《现代吴语的研究》《中国话的文法》《国语留声片课本》等，经由他谱曲的《教我如何不想她》《海韵》《厦门大学校歌》万口传唱、家喻户晓。此外，史学家屠寄、孟森、吕思勉、陈守实，语言学家周有光，都是常州运河人家的骄子。

常州诸多的大运河文化遗产中，红色文化特别引人注目。中国共产党早期领

导人中、瞿秋白、张太雷出生在常州、恽
代英祖籍常州，他们被称为"常州三杰"。
现今建成的相关纪念地包括"常州三杰"
纪念馆、瞿秋白故居、张太雷故居、恽代
英纪念广场，是第三批全国爱国主义教育
示范基地。以"常州三杰"为中心的常州
红色文化资源丰富，现有国家级爱国主义
教育基地4处，全国重点文保单位2处，
省级文保单位1处。新四军江南指挥部纪
念馆、中共苏皖区第一次代表大会会址、
水西保卫战纪念碑等都在常州境内。爱国
七君子中的史良、李公朴也是常州人，他
们的故居都坐落在运河两岸。

今时开佳境　古韵伴新声

大运河常州段是中国大运河历史最悠
久的河段之一，为了"统筹保护好、传承好、
利用好"大运河这一宝贵的历史文化遗产，
常州注重健全机制，形成全市一盘棋推进
的局面。近年来，在获得地方立法权后，

瞿秋白故居

张太雷故居

恽代英纪念馆

新四军江南指挥部纪念馆

常州市人大出台地方性法规《常州历史文化名城保护条例》，将大运河常州段、历史街区、历史地段、工业遗存等纳入综合保护名录，按照世界文化遗产的管理规范和国家提出的统一规划、分级管理，坚持真实性、完整性、延续性原则，编制了大运河遗产保护规划，结合老城厢复兴，围绕老城厢市井文化、工商文化、名士文化、红色文化四大核心文脉，提升老城厢景观的历史价值和当代功能。

划定保护红线。坚持规划先行，先后完成《常州市历史文化名城保护规划》《常州市历史文化街区、风貌区保护规划》《石龙嘴历史文化风貌区修建性详细规划》《青果巷历史文化街区保护规划》等，启动青果巷历史文化街区保护修缮工程和前后北岸历史文化街区业态调整工程，提升大运河两岸聚落文化遗产的文化价值。先后完成竞园、求实园、意园、清凉寺、万安桥、刘氏宗祠、大陆饭店、恒源畅厂、南市河驳岸整治等大运河沿线文物修缮工程，多项工程被列入江苏省重点文物抢救保护项目，文化遗存重新焕发了新的生机。依托常州市公安局、常州云计算中心，建立大运河遗产监测预警系统，规划、水利、交通、水文、环保、园林等相关部门定期采集信息，实现与中国大运河总监测平台的联动。全天候监测运河本体和缓冲区有关指标的变化，并制定应急方案预防突发事件，落实保护责任。按照遗产保护标识系统要求，大运河常州段沿线设置有界桩、界碑、引导

天宁寺——舣舟亭历史文化街区

前后北岸历史文化街区

指示、安全警示、遗产解读等标识系统，用以展示大运河遗产区范围和文化价值、风貌特征。

守住传承底线。优秀传统文化的传承、发展，事关文化生态安全和文化的薪火相传，与文化旅游和地方文化魅力彰显也息息相关。大运河常州段沿岸有着丰富的非物质文化遗产，其中，国家级非物质文化遗产金坛刻纸、锡剧、天宁寺梵呗唱诵、直溪巨村舞龙、留青竹刻、常州梳篦等共计 13 项。此外，省级非物质文化遗产 53 项，市级非物质文化遗产 128 项，包括常州吟诵、金坛抬阁、小热昏等，还有一些享誉海外的省级非物质文化遗产，如常州掐丝工艺画、常州乱针绣、常州龙泉印泥制、孟河斧劈石、孟河医派、屠氏中医内科疗法等。常州启动非物质文化遗产保护工程以来，确立了完整的非物质文化遗产保护体系，对各项非物质文化遗产逐级申报，国家级、省级、市级、辖市区阶梯式非遗保护目录井井有条。在此基础上，推进非遗普查，编写完成包括 1230 个非遗项目的 8 卷本《非物质文化遗产普查资料汇编》，堪称非遗百科全书。《常州方言》《常州梳篦》《常州民俗》《常州锡剧》等系列丛书也结集出版。

强化利用主线。为了让活态的、美丽的中国大运河走向世界、流向未来，大

巨村火龙表演

运河常州段着力打造"三个长廊建设",即高品位的文化长廊、高颜值的生态长廊、高水平的旅游长廊。主推三个旅游圈层文化产品,即主城内的运河精华段圈层,以孟河、奔牛、焦溪古镇为代表的近郊圈层,以溧阳、金坛为代表的远郊圈层。大运河国家文化公园是大运河文化带建设的核心工程,常州提出建设以"运河之眼、一望千年"为主题的中吴大运河国家文化公园,从全流域视角,确立以"中吴大运河国家文化公园"为核心 IP 的"一园两翼多节点"战略,凸显城市识别度。其中,一园就是中吴大运河国家文化公园,两翼指横林、奔牛东西片区,多节点即一园两区外的其他节点,比如孟河、焦溪、淹城等。整体规划强调虚拟公园理念,打造空间、文化、产业融合式公共文化空间,将文化保护、居民生活、文旅观光、城市商业等功能集于一体。未来几年,大运河常州段文化保护传承利用格局将全面形成,"常州名片"得到系统展现,中国大运河故事广为传颂、文脉世代传承,常州将建成全国,乃至世界人民为之向往的运河家园。

文亨桥

广济桥

（本页摄影：贾传军）

运河晚游（邵乾舟 摄）

无锡

波连太湖景如画　运河泽惠工商城

　　无锡是大运河重要的节点城市。大运河无锡段自洛社、五牧入境，经黄埠墩、锡山，穿梁溪到外下甸桥，再接南门古运河，过新安沙墩港出境，全长41公里。以大运河为东西向主轴，沟通多条南北向的分支河道，长江、太湖之间纵横交错的河网构成了无锡段的大运河水系。在漫漫的历史长河中，大运河及其支流水系与无锡城市的变迁不断互动，形成"千里运河独一环"的景观。

无锡运河展新姿

大运河流经无锡示意图

平河七百里　沃壤二三州

　　大运河无锡段形成于春秋，发展于隋唐，兴盛于明清，孕育了无锡灿烂的地域文明。

　　无锡的泰伯渎（伯渎河），传说是江南乃至中国最古老的运河之一。相传公元前 12 世纪后期，周王古公亶父之子泰伯、仲雍二人南迁至梅里（无锡梅村），建立勾吴古国（吴国），将北方先进的农耕文化带到江南。为发展农业生产，泰伯开辟河渎，西通太湖，东达古蠡河漕湖，以便灌溉、排洪，兼行运输，大片荒地因此变为良田。数年之间，江南"民人殷富"，百姓感念泰伯，便用他的名字为河渎命名。吴国传国 650 余年，历经 25 任首领，自泰伯至第 24 任吴王阖闾在位前期，政治军事中心主要都在无锡境内。

　　春秋末年，为便于吴国水军北上争霸，吴王夫差开通了东起苏州、苏州至常州孟河的"吴古故水道"，即古江南运河。古江南运河中段穿越无锡城区，与泰伯渎相通，并与古梁溪河交汇于芙蓉湖入口处。河、湖交汇处发展成繁荣的集市，可以说，无锡有着 3200 年文献传说史和 2500 年的建城史。

梅里

　　战国初年越吞吴，战国后期楚灭越，江东入楚，后来成为春申君黄歇的封地。黄歇出于经济、社会发展的需要，对运河穿过芙蓉湖河段的水系进行大面积改造，"治无锡湖，立无锡塘"，打通了太湖与芙蓉湖之间的水路交通，为江南运河苏州至无锡段，以及无锡北段的形成奠定了基础。无锡城北的圩地建设从此开始，并在日后逐渐发展成为城镇。南北长30米、东西宽20米的黄埠墩，是无锡运河上著名的三墩之一（另二墩为江尖渚和西水墩），据说是吴王夫差开挖古江南运河时所留，后因黄歇治理无锡湖时在此驻足，故而得名"黄埠"。黄埠墩被视为无锡古运河的象征性地标，清朝康熙帝、乾隆帝南巡时均曾在此驻跸。时至今日，

泰伯渎

春申亭

中山路旧影

墩上仍保留着古老的庙宇。

最迟西汉初年，无锡已然建县。早期的无锡中心地带位于江南运河以西，运河在无锡古邑东侧傍城而过，并与梁溪、莲蓉河（转水河）、泰伯渎交汇，成为太湖地区的交通和物流枢纽。

隋朝开凿通济渠、永济渠，疏浚拓宽邗沟和江南运河，大运河全线贯通，无锡段是其重要组成部分。此后，无锡城外，位于江南运河以东的地带也日益得到开发。唐、宋、元时期，大运河东侧出现了大量的民居建筑和商业建筑，无锡的城市沿着运河两岸兴起，分为东、西两邑，傍城而过的运河变成穿城而过。现今，无锡市区最繁华的中山路，原是大运河无锡城中段，被称为"弦河"，它南北走向将无锡城分为东、西两部分。东城墙内侧的弓河，与弦河之间有9条东西平行的箭河，构成"一弓一弦九箭"的河道空间。这些河道在20世纪中期被填没修筑

清名桥河段

环城古运河风貌

成陆路，临河而筑的名门宅第被保留下来，构成无锡名人故居最密布的区域，展示着昔日枕河人家"百年繁华"的人文盛景。

16 世纪中叶，东南沿海倭寇猖獗。无锡知县王其勤抗倭筑城，设置四个城门和南、西、北三个水关；同时，组织人力加宽、加深城东的外护城河，

无锡运河旧照

黄埠墩

城东行漕运船、重船，城西则行官船、轻船。无锡城区古运河的流向自此再次发生了改变，变为环城而过，造就"千里运河独一环"的秀美景观。明清无锡城河相依的景象，可见于时人所作的一些画卷：清朝《南游道里图》画卷中的无锡县部分，绘有县城和南禅寺、妙光塔、西水墩、惠山等古迹名胜；宋骏业的《康熙南巡图》，则描绘了无锡南门内外街市繁华和运河上舟楫往来的盛况。

大运河勾勒出无锡老城区龟背形的城市空间。古运河自老城西北的吴桥、黄埠墩流至江尖一分为二，西线向南流经西门桥、西水墩、清扬桥、跨塘桥，东线流经莲蓉桥、亭子桥、羊腰湾，至跨塘桥附近与西线汇合。古运河抱城合流后，南流至下甸桥，与1988年竣工的绕城新运河汇合。

11公里长的无锡城区古运河随中国大运河申遗成功而入选世界遗产名录，其中最精华的部分是沿着跨塘桥与清名桥之间长约1.6公里的河段展开的清名桥历史文化街区。该处河段宽20米左右，两岸人家枕河而居，可以隔窗互见，因此又被誉为"江南水弄堂"。其岸边古寺、古塔、古河、古桥、古街、古窑、古民居、古驿馆等星罗棋布，近代工业遗产错杂其间，展示着古今无锡经济文化的传承和发展。清华大学建筑学教授吴良镛先生曾感叹，无锡南门水弄堂这段已经成为"国内绝无仅有的文化建筑遗产"。

　　中华人民共和国成立以后，无锡城市的快速发展对水路运输提出了更高的要求。分 1958—1965 年、1976—1983 年和 1983 年后三个阶段，大运河无锡段经历了大规模的建设改造：1958 年、1959 年曾两次动工，均很快停工，1963 年再次开挖梁溪至下甸桥段 7.2 公里，1965 年完工；1976 年新运河续建开工，至 1983 年完成自黄埠墩向南，经锡山东麓，穿锡山、梁溪两座大桥，至梁溪段的四级航道工程，长 4 公里；1983 年至 1997 年，实施新开河段护岸工程，完成梁溪至南门下甸桥四级航道水下开挖工程和无锡境内其他河段的四级航道疏浚。2000 年，绕城段新运河底宽达到 60 米，其他河段底宽 35—90 米不等。至此，无锡大运河改道工程全面完成，新运河的开通，使大运河主航道完全绕城而过，不但改善了航运条件，而且有效解决了市区河道的排水问题。

　　目前，大运河无锡段是长三角集装箱水运重要的干线航道之一，担负着长三角地区大宗物资中转集散运输任务，常年有 13 个省份的船舶往返运营。国务院出台的《长三角区域一体化发展规划纲要》明确"沿运河发展带"，无锡被定位为"区域商贸物流中心"，运河航运事业迎来新的发展机遇。2007 年底，大运河无锡段"四改三"航道整治和升级扩容工程启动。2019 年 12 月，大运河无锡段三级航道

大运河无锡段

远眺无锡城（俞雪华 摄）

整治工程率先在苏南地区竣工验收，千吨级船舶畅通无阻。在"四改三"工程中，无锡市将生态、文化和科技等元素有机"贯穿"全线，整体更新了9座跨河桥梁，新建8处亲水平台、2个游船码头和贯通沿河的步行栈道，文化景观墙、运河碑刻、浮雕小品等文化元素与游客行人一路相伴，大运河无锡段被打造成集"绿化、亮化、文化、美化、智能化"于一体的黄金航道、生态航道、景观航道、智慧航道，成为中国大运河全线的示范段。

工商数百载　盛名四码头

无锡地处长江中下游平原，土壤肥沃、气候宜人，自古为鱼米之乡，盛产鱼、米、丝绸、茶叶等。依托大运河与长江、太湖水系，无锡拥有发达的水路交通，六朝以后一直是中国南方重要的交通枢纽城市。丰富的物产和便利的交通，促进了无锡商业、传统手工业和近现代工业的发展繁荣。江南水乡与工商业文明的有机融合是大运河无锡段最显著的文化特色。

人们习惯将无锡工商业文化的源头追溯到先秦的范蠡。范蠡是春秋末年著名

蠡湖

的政治家、军事家和实业家，被后世尊为"商圣"，他提出"农末俱利"的价格政策和"平粜齐物"的主张，对现代经济建设和管理都具有积极的现实意义。无锡有许多带蠡的地名，蠡溪、蠡桥、蠡园、仙蠡墩等，民间都传说与他有关。因范蠡晚年号"陶朱公"，宜兴也将他传说为当地制陶行业的创始人。

明清时期，无锡以商业和纺织、印染等手工业闻名，是远近知名的"布码头"，并且出现了资本主义的萌芽。无锡为非产棉区，之所以能够成为布码头，凭借的正是大运河带来的便捷水运交通。周边棉产区的运棉船可直达无锡城下，加工为布匹后，再通过运河水网输往各地。物流畅通，货物周转迅速，使得远近客商都愿前来无锡交易。

利用茂新面粉厂改建的中国民族工商业博物馆

无锡也是著名的米码头。清朝后期，河漕难以为继，漕粮改由上海海运，直达塘沽。距离上海较近的无锡，成为江南漕粮的主要采办地和中转站，各府县漕粮"多由无锡雇船运沪"。光绪十四年（1888）前后，无锡的大运河沿线形成"八段米市"，有80多家米行密集分布在三里桥两侧。无锡因此与江西九江、安徽芜湖、湖南长沙（一说湖北沙市）并称为"四大米市"。据《无锡市志》记载，中华人民共和国成立初期，以无锡城区为主要范围设置的无锡市，共有米店175家，粮行252家，北塘、三里桥沿河是米市的中心地，分布着158家粮行，约占全市粮行总数的62.7%。直到1953年，国家实行粮食统购统销，粮食流通纳入国家计划，无锡市的米店粮行才成为历史的陈迹。

无锡又是丝码头。明清时期，蚕茧、生丝交易在无锡商业活动中长期占据重要地位。清末，伴随新式缫丝机器的引进，无锡缫丝业在原有基础上得到更快的发展。到1934年，无锡全年开工的丝厂有38家，丝车1万多台，生产的厂丝运销国外，占全国厂丝外销量的一半以上。

无锡还是江南著名的钱码头。早在明末清初，无锡便已出现钱肆、钱铺。布纺、

无锡北塘米市旧影

荣巷古镇

丝织、粮食等贸易的日益兴盛,对金融市场提出了更高的需求。清同治八年(1869),无锡共有 7 家以兑换货币、发行钱票、吸收存款、进行放贷为业务的钱庄。到光绪二十二年(1896),无锡钱庄数量则已突破 20 家,此后不久,还成立了锡金钱丝两业公所。

无锡的交通条件、产业基础和市场环境十分利于近现代工业的发展。在中国近代工业化的进程中,无锡涌现了一大批先锋人物。清末,早在无锡城诞生第一家工业企业之前,无锡人祝大椿已在上海创办实业,他被历史学家范文澜确定为"中国民族工商业第一人"。杨氏、荣氏、周氏、薛氏、唐蔡氏、唐程氏是无锡六大民族资本工商业集团。1895 年,杨氏兄弟创办无锡第一家民族资本企业——业勤纱厂。业勤纱厂起点很高,从英国进口了 38 台细纱机,拥有 1 万余枚纱锭和 1 千多名工人。1900 年,荣宗敬、荣德生兄弟开办实业,成为公认的"面粉大王""棉纱大王",当时全国范围内只有四家同类企业,荣氏一族后来成为中国最大的民族工业财团。

无锡的企业数量,1911 年共有 12 家,1919 年增加到 64 家,1927 年增至 131 家。20 世纪二三十年代,无锡被誉为"小上海"。据 1930 年《无锡年鉴》的调查统计,无锡共有 48 家丝厂,车数 14733 台,工业产值则已占工农副业总产值的 60% 以上。

到中国全面抗战前一年，1936年的无锡，共拥有纺织、缫丝、面粉等20个工业门类，315家工厂，6.3万工人，资本总额1407万元，年总产值7726万元；产业工人中，本地人仅占50%左右，外来务工人口源源不断涌入无锡。古城无锡，已从一个富庶的江南县城，转型成为一座以工商业为魂的新兴城市，成长为全国六大工商强市之一，工业生产总值位列全国第三，产业工人数量仅次于上海，堪称中国近代民族工商业的创业高地。

一时间，无锡古运河沿线形成了"民族工业"大走廊，六大民族工商业资本集团在此集中了全部资本的70%以上，工厂几乎全都开设在运河两岸。当时的无锡，堪称中国人实业救国的实验场，开辟了以学习西方、更新观念、创新创业为特征，致力从传统社会向现代社会转型的早期"苏南模式"。

工商业遗产的宝贵文化价值，需要在大运河文化带建设中，积极向后人展示和传播。目前，无锡保留的民族工商业遗址有42处之多。运河西岸的永泰丝厂旧址已建成中国丝业博物馆，古运河和梁溪河交汇处的荣氏兄弟茂新面粉厂则成为中国民族工商业博物馆，迎接络绎不绝的参观者，继续发挥着文化育人的作用。

中华人民共和国成立后，"实业兴邦"的理念引领无锡经济不断创造出新的奇迹。1953年于无锡县城设立省辖无锡市，行政区位的提升进一步促进了无锡的发展。以原无锡县郊乡为范围设置了新无锡县，撤县建市后改为锡山市。改革开

利用永泰丝厂旧址建成的中国丝业博物馆

清名桥历史街区

荡口古镇

大运河红星桥段

放后，无锡人传承先贤工商业勇于创新创业的精神，无锡成为苏南模式最重要的发源地之一。20 世纪 90 年代的百强县评比中，锡山市连续三年雄居第一，被称为"华夏第一县"。江阴市在全国县域经济基本竞争力排名中连续多年名列前茅，江阴的上市公司的数量和体量，在全国县级市中名列前茅。宜兴市 2020 年上榜中国县域经济百强县，位列全国第 7。大运河及其数量众多的支流带给无锡各地四通八达的水运条件，也带动了乡镇企业的"异军突起"。苏南运河、锡澄运河、锡溧漕河沿岸货运码头林立，船舶穿梭不绝，玉祁、洛社、前洲、堰桥、钱桥、严桥等运河乡镇远近闻名，乡镇企业成为无锡经济的支柱，占据半壁江山，也成为大运河无锡段最重要的文化标识之一。

古道载新誉　根基在诗书

无锡又称"太湖明珠"。古人诗云："湖上青山山里湖，天然一幅辋川图。"又云："春水满四泽，夏日多奇峰，秋月扬明辉，冬领秀孤松。"太湖流域是我国历史上最早开发的地区之一。早在 12000 多年前的旧石器时代末期，无锡境内的太湖三山岛上就有原始人类居住。相传泰伯奔吴，将中原文化的火种带到了江南，史载春秋后期，吴国诸王积极向中原诸侯学习，他们将中原文化和江南土著文化融合，开创了泽被江南的吴文化。国家《大运河文化保护传承利用规划纲要》规划的吴越文化高地，主要涉及以太湖为中心的江南运河流经区域，在江苏，包括苏州、无锡、常州全境和镇江、南京、泰州、南通局部。无锡是吴文化的重要发祥地之一，无锡城建在惠山东麓、古江南运河西岸，城区现存有荣巷、惠山、清名桥、小娄巷等历史街区和日晖巷、蔡家弄、淘沙巷等江南街坊，城郊有荡口、严家桥、黄土塘、玉祁、礼舍、周新镇等古镇，市区有全国重点文物保护单位11处，省级文物保护单位39处，位居全国前列。地下遗址和不可移动文物主要集中在市区和城郊，全市各级文物保护单位完好率达70%左右。

流淌千年的大运河，孕育和积淀了无数宝贵的非物质文化遗产。无锡的吴歌、锡剧、道教音乐、江南丝竹、蓝印花布、竹编竹刻、惠山泥人、庙会等，皆因运河带来的商品、文化交流而形成发展。惠山手捏泥人制作技艺等3项已经列入国家首批非物质文化遗产保护名录，锡剧、锡绣、道教音乐等10项已列入江苏省非物质文化遗产保护名录。2007年无锡市制定了《无锡惠山泥人传承扶持办法》，委托王木东等6名泥人工艺大师带徒授艺。如今，无锡建有惠山泥人博物馆、无锡民间艺术博物馆、锡剧博物馆、蓝印花布博物馆、阿炳艺术纪念馆、窑群遗址博物馆等非物质文化博物馆。南水仙庙变身为无锡道教音乐馆，大窑路窑业公所和老窑址可让人们窥想当年"上塘十里尽开店，下塘十里尽烧窑""窑有百座、窑工近万"的盛景。和平书场则成评弹、锡剧等戏剧流派集中展演的舞台，丰富

西水仙庙外戏台

锡剧《珍珠塔》

惠山泥人　　　　　　　　　　　宜兴紫沙壶

无锡窑群遗址博物馆　　　　　　　　（本页摄影：俞雪华）

天下第二泉

阿炳纪念馆

多彩的非物质文化遗产如同粒粒珠玑，在运河两岸散发光彩。

古运河畔名胜古迹众多。惠山有著名的"天下第二泉"，吟咏该泉景色的《二泉映月》名满天下。北宋文学家苏东坡曾多次慕名前来品泉，写下"独携天上小团月，来试人间第二泉"的诗句。二泉庭院现为全国重点文物保护单位。在惠山寺旁还有李绅读书台、二茅峰秦观墓，城中束带河畔有尤袤官宅园林和著名的藏书处万卷楼。

无锡惠山有纪念唐朝忠烈张巡的张中丞庙，惠山、胶山有纪念宋代名臣李纲的祠堂。惠山的祠庙数量多、密度大，姓氏之多，类型之丰，令人叹为观止。其中有相当数量的先贤祠、专祠，除张巡、李纲的祠庙外，还有纪念周敦颐、朱熹、

惠山古镇

太湖鼋头渚

寄畅园卧云堂

海瑞、顾宪成等其他杰出历史人物者，体现了无锡人民崇德尊贤的道德追求。

　　无锡园林最为著名的是始建于明代的寄畅园。寄畅园全部景色围绕一泓清池展开，北段建筑由廊桥有机组合，七星桥分割水面。靠东的长廊由知鱼槛、涵碧亭、郁盘亭、月洞门到凌虚阁组成，夹杂老树、栏杆、湖石等，园林景致苍凉廓落、古朴清幽。清康熙、乾隆二帝南巡时，多次到此游览。

东林书院牌坊

无锡有海内外闻名的东林书院。明末，顾宪成、高攀龙等在此发起东林讲学，他们的学说以杨时、朱熹为宗，以天下为己任，标榜气节、反对空谈，崇尚务实精神，对江南学风的发展转向起到重要作用。发达的书院教育也为无锡工商业发展注入了文化灵魂。国学大师钱穆曾这样描述 20 世纪上半叶无锡的企业家群体，"凡属无锡人，在上海设厂，经营获利，必在本乡设立一私立学校，以助地方教育之发展"，崇文重教的传统，为无锡在社会转型的竞争中处于领先优势奠定了坚实的人才基础。

文化遗产的背后是人。无锡古代群贤荟萃，有"梁溪明秀之区，衣冠礼乐甲于江左"之称，除东林大儒外，还有举案齐眉的梁鸿、孟光夫妇，有画家顾恺之、

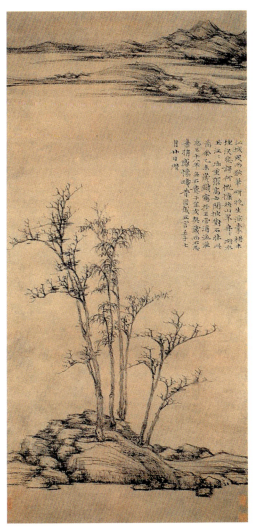

倪瓒《渔庄秋霁》图轴

王绂《山亭文会》图

倪瓒、王绂，有地理学家、旅行家徐霞客等，他们都是无锡的骄傲。

　　大运河造就了无锡的开放和包容。无锡是中国最早呈现现代化自觉意识的城市之一。早在 1905 年沪宁铁路开通之前，无锡的部分精英阶层就已经参加洋务运动和戊戌变法，接受民族革命的启蒙。无锡当时的社会事业开风气之先，早于清廷废除科举制度 7 年之前创办新式学堂，诞生了号称"华夏第一公园"的公共花园，中国首批公共图书馆之一的无锡县立图书馆，以及无锡女学，等等。公共事业与

无锡县立图书馆

吴冠中《水巷》

徐悲鸿《奔马》图

国民教育蓬勃兴起。无锡还创办了早期的白话报纸《无锡白话报》，出现了中国近现代最早以传统历史文化为专门教研对象的高等教育机构——无锡国专，我国第一台蒸汽机和第一艘蒸汽轮船"黄鹄"号也由无锡人设计制造。在开启民智、提高城乡文明程度、改善民生和激发区域创新活力方面，无锡始终是吴文化重实际、讲实用、务实效和经世致用思想的重要实践地。

近现代的无锡，依旧为人文渊薮。以薛福成、许钰为代表的外交家，以秦邦宪、陆定一为代表的政治家，以华蘅芳、周培源、钱伟长为代表的科学家，以侯鸿鉴、唐文治、高阳、顾毓琇、蒋南翔为代表的教育家，以荣氏家族为代表的工商实业家，以陈翰笙、薛暮桥、孙冶方为代表的经济学家，以刘半农、钱穆、钱钟书为代表的文史大家，以徐悲鸿、刘天华、华彦钧、程及为代表的艺术家，等等。各个专业门类的无锡骄子，在历史星空中熠熠生辉。

文化意久远　传承景清新

　　无锡市委、市政府提出：要把大运河无锡段建设成为继古开今的璀璨文化带、山水秀丽的绿色生态带和享誉中外的缤纷旅游带。无锡是江苏大运河文化遗产活态保存最好的城市之一，为了把保护进行到底，无锡市强化组织领导，组建了全国第一个城市文化遗产局，成立大运河申遗办公室、古运河研究会、考古研究所和各级文管办等专门机构。本着"以水为本、以文为魂、以城为根"的理念，努力推进生态环境建设和文化遗产保护的综合性工作，用大运河文化遗存这条项链串起无锡的历史和当下，重视彰显无锡的历史特征和文化底蕴，既古为今用，又面向未来。

　　无锡市坚持规划先行，编制完成整体性、高水平、高标准的运河保护规划，健全相关法律、法规，出台了《无锡市区古运河管理办法》《无锡市区古运河保护规划》，加快沿岸工业布局调整，淘汰关闭运河沿岸的化工厂、染料厂等高污染和高耗能行业，116家重点企业全部"退城进园、退城出市"，对河道分段清淤

长广溪湿地公园

无锡南门古运河

截污，动态换水，水质得到显著改善。加强生态文明制度建设，调整生态补偿政策，推进水环境生态补偿和生态重点区域补偿工作。制定了《无锡市古运河管理暂行规定》《历史街区保护办法》《清名桥古运河景区管理办法》《历史文化遗产保护条例》《工业遗产和乡土建筑普查及认定办法》等，将运河沿岸的各类文化遗产及时纳入保护名录范围，并进行综合利用。

"无锡充满温情和水"是无锡城市广为人知的形象宣传语。作为中国活态运河博物馆，如何让大运河宝贵的文化遗产活在当下，更好地改善民生，是无锡大运河文化带和大运河国家文化公园建设面临的重大课题。近年来，无锡搭建投融资平台，广开运河保护的资金渠道，引导社会资本广泛参与，形成了政府导向、社会联动、多元投入、有效利用的良好局面。推进环城古运河风貌带综合整治，建成了占地 16 万平方米的运河公园，修复中国银行旧址、税卡等历史遗迹，复建控江门、靖海门、望湖门和试泉门四大老城门和"蓉湖溯源""北塘米市"等八段历史主题景观，重现"运河环城，四门八区"的城市格局。打造惠山古镇—接官亭弄、崇安寺—小娄巷、南禅寺—清名桥三大文旅融合片区。开通古运河水上游，策划了江南民俗风情之旅、民族工商休闲之旅等旅游线路。历史上依托运河繁荣起来的布码头、米码头也华丽转身，成为现代创意智慧中心，大批文化创意企业和旅游新景点应运而生，大运河文化遗产的"软实力"，正在成为经济社会发展的"硬支撑"。

运河夜色（俞雪华　摄）

苏州

人间天堂因水起　烟波春色看姑苏

　　大运河苏州段位于长江下游、太湖流域，是江南运河的一部分，也是京杭大运河的重要组成部分。它北起苏州与无锡接壤的相城区望亭镇丰乐桥，穿过苏州市区，南至江苏与浙江交界处的油车墩，全长 96 公里，占江南运河长度的 24%，京杭大运河总长度的 4.5%。

万舸东南竞　繁华起春秋

　　大运河苏州段水道最早开挖于春秋时期，隋代开始成为中国大运河的重要河道。这一人与自然协作的水管理与水利用工程，充分展现了古代人民的创造精神。通过作为运河主航道的山塘河、上塘河、胥江、环古城河，以及盘门、阊门等水门，与苏州内城水系连为一体。因此，苏州内城密集的水网是古代大运河的水系之一。大运河奠定了苏州的城市格局，也促进了苏州的繁华，造就了苏州的城市地位，孕育

东方水城苏州（祁金平　摄）

大运河流经苏州示意图

了苏州的文化特质。苏州星罗棋布的历史文化遗产，是大运河文明的重要组成部分。

水城苏州是大运河独特的城市文化景观，是古代筑城与水利技术融合的杰出典范。

历史上，苏州境内的大运河分为三段：丰乐桥至白洋湾称苏锡段，河线顺直，

江南运河苏州段水系示意图（蓝色为公元前5世纪开挖，红色为现在新增河段）

偏东西走向，水流自西向东，此段长约18公里；白洋湾至宝带桥称古城段，河线弯曲，自城西北流入苏州护城河（又称环古城河）及城内河道，经辗转后自城东南流出，流向大致为自西转南折向东，此段主线长约14公里；宝带桥至王江泾段称苏嘉段，河线上端顺直，下端弯曲，南北走向，流向不定，1980年后为缩短航线，运河改道经江苏浙江二省交界的油车墩，向南直趋杭州，此段长约50公里。在三段运河中，苏州古城段水道情况较复杂，与苏州城的联系最密切。20世纪八九十年代改道后，此段大运河从横塘直接南下，在石湖北侧东折，经澹台湖、宝带桥与苏嘉运

河相接。山塘河、上塘河、胥江现已成为运河故道，不再通航，但与大运河水系仍
然相通。总体来看，大运河苏州段基本保留了"原始线路"，迄今仍在物资运输、
旅游、中外经济交流等方面发挥着重要作用。

　　大运河苏州古城段最早开凿于公元前 6 世纪。据赵晔《吴越春秋》记载：阖闾
元年（公元前 514），伍子胥主持建筑阖闾大城（即今苏州城，一说在木渎镇），设水、
陆城门各 8 座，外有护城河包围，内有水道相连，水门沟通内外河流。7 世纪初，
隋炀帝下令在春秋至秦汉吴地旧有水道的基础上，开凿江南运河，从镇江至杭州，
长 400 余公里，河面宽十余丈，可行龙舟。苏州古城段作为江南运河的重要区段，
正式纳入大运河水系。

　　江南运河修成后，因苏州古城以南地势低下，无陆路，汛期河湖不分，难以行走。
9 世纪初，苏州刺史王仲舒率百姓在太湖东缘修筑了一条长堤，将太湖与运河分开，
同时在太湖的泄水口澹台湖与运河之间建造宝带桥，解决了运河航运的风涛之险，

运河故道

史称吴江塘路。自此，该段运河水源充沛、航道稳定、运输通畅。为了加强运河与苏州古城的联系，公元825年，苏州刺史白居易在虎丘至阊门护城河间凿渠，此即今山塘河虎丘至阊门段，并沿河筑堤为路，人称白公堤。山塘河虎丘至阊门段与西北白洋湾自然河道相通，直达运河。山塘河成为大运河北入苏州古城的一条重要水道。

最晚至8世纪，上塘河已与大运河及苏州古城水系贯通。四方客船通过上塘河可以抵达枫桥寒山寺。8世纪中叶张继《枫桥夜泊》诗："月落乌啼霜满天，江枫渔火对愁眠；姑苏城外寒山寺，夜半钟声到客船。"即是对此场景的生动描述。13世纪的《平江图》清晰地标明，上塘河是沟通大运河与苏州古城水系的重要通道。19世纪中叶，阊门一带遭受战乱，上塘河两岸建筑被毁，碎砖瓦砾填塞河道，使运河变窄，通航能力减弱。这以后，一部分运河船只经枫桥寒山寺南下横塘，东折经胥江古城段进入护城河，再转入苏嘉运河。

胥江亦称胥溪。公元前506年，吴王夫差为方便伐楚，采纳伍子胥建议，开通了从苏州通太湖、长江的胥溪。胥江自太湖出水口胥口起，向东过木渎，到横塘与江南运河汇合，并道东行至环古城河。胥江是古胥溪的起始段，是太湖东南方向的第一泄水要道，也是大运河苏州段及苏州古城的重要补充水源。

平江图

20世纪20年代盘门水陆城门

中华人民共和国成立之后，鉴于大运河大部分航段只能勉强达到六级航道标准，通航条件差，经常发生堵塞事件，苏州配合上级部门，积极开展了运河整治工程。

第一次整治大致从1955年起，主要是对严重"肠梗阻"河段实施初期整治。苏州市人民政府在彩云桥、枫桥河道实施弯道改造工程，运河南下至横塘，再循胥江进入护城河。此条线路遂成为运河主航道，而从上塘河、山塘河经阊门入环古城河的线路则成为辅线，实现了航道基本通畅。比如枫桥寒山寺西侧河道原先最窄的地方宽度只有10米左右，大船很难通行，为此在运河故道之西另外挖了长800米的南北向河道，底宽16米，面宽43米，工程竣工后，不但运输通畅了，还保障了寒山寺环境的清净。

第二次是1986-1992年，苏州段实施市区段改线工程，这就是上文提及的大运河从横塘直接南下，在石湖北侧东折，经澹台湖、宝带桥与苏嘉运河相接工程，全长8.8

公里，按四级航道标准整治，可通行 500 吨级船舶。于 1992 年 7 月通过验收并正式通航。从此，这条线路成为大运河苏州段的主航道。

第三次是从 2003 年起，按国家、省相关水运规划要求，开展了苏南运河三级航道整治工程，即河道底宽不小于 80 米，口宽不小于 90 米，能通行 1000 吨级船舶。

2002 年 5 月，苏州启动了环古城风貌保护工程，这是苏州市第九次党代会确定的"十五"期间中心城市重点建设的十大工程之一，也是一项集城市交通、防洪、生态绿化、景观、旅游等功能为一体的综合性工程，全长约 17 公里，基本沿护城河及觅渡桥—北干河之间的大运河故道展开。这是国家启动大运河文化带建设之前，苏州以高度的文化自觉开展的大运河保护先行先试行动。

该工程分三期实施。到 2005 年 12 月，经过一、二期的建设，苏州已基本形成一条沿护城河两侧各 100 米、凸显历史文化底蕴、展示园林和东方水城特色的景观带，"觅渡揽月""金门流辉""旧城堞影""耦园橹声""烟霞浩渺"等 48 个景点布局其间，以水系和城墙体系串接，构筑起以"金阊十里、盘门水城"为主的西部功能区、"吴门商旅、都市驿站"为主的北部功能区、"城市山林、枕河人家"为主的东部和南部功能区。如果把古城比作苏州的头部，那么，经过整治而变得四季常绿的环古城地区，就是挂在颈部的一条绿色项链。护城河上的巍巍桥梁、岸边的斑驳城墙经过整修，显得传统而典雅，让这里文化味十足。从此，环古城地区成为苏州人漫步休闲的自然生态圈，也成为苏州古城又一张景观名片。

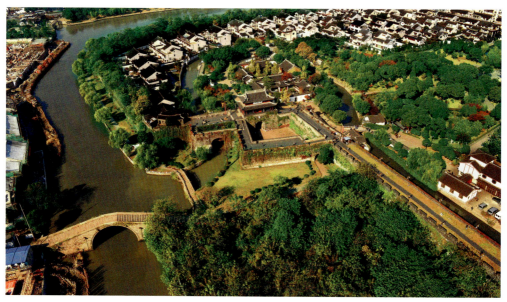

俯瞰盘门

枫桥铁铃关

环古城风貌保护带三期工程于 2011 年 1 月起进场施工，当年完工。该工程位于灭渡桥—北干河之间的大运河段，全长约 2 公里，设计有柳迷津渡、诗韵水岸、冬青遗珠、层台清晓、平桥跃步、合浦问茶、曲垣秋意、运河人家 8 处景点，施工面积约 10 万平方米。

2014 年 6 月，中国大运河被列入《世界文化遗产名录》。为配合申遗工作，苏州对大运河又开展了一系列环境整治工作，进一步促进了运河和城乡的和谐共存。

大运河苏州段自春秋时期开始建设，隋代形成，至唐中叶基本定型。唐代以降，在地方官员的主持下，苏州段运河的重筑、修缮、疏浚从未停止，但河的基本走向、大致面貌变动不大。与大运河苏州段相连的河道很多，除胥江外，主要有望虞河、浒光运河、蠡塘（东太湖湖湾，今作西塘河、大龙港）、蠡门塘、娄江、元和塘、仙人大港、斜港河（苏申外港线）、吴淞江（苏申内港线）、太浦河等。

在开挖大运河、治理水患及兴修水利的漫长历史进程中，苏州涌现了许多杰出人物。除阖闾、伍子胥、王仲舒、白居易外，还有下令开挖邗沟的夫差，治水松江的春申君黄歇，倡导"先忧后乐"思想的范仲淹，撰有《吴门水利书》的水利专家郏亶，组织疏浚吴淞江、白茆塘、刘家河、范家浜、大黄埔等河道的夏原吉，兴修水利的著名清官况钟，主持疏浚浏河、白茆河等的林则徐，等等。同时，一代又一代治水总结成上百种水利专著，有单锷《吴中水利书》，姚文灏《浙西水利书》，归有光《三吴水利录》，张内蕴、周大韶《三吴水考》，张国维《吴中水利全书》等，这在全国的地区性水利著作中实属罕见，堪称中国水利史的传世之作。

千年大运河从苏州穿行而过，承载着苏州悠久的历史和文化，也记录了苏州人民为民族独立和解放作出的伟大贡献。沙家浜智斗、夜袭浒墅关等历史事件至今仍广为传颂，仅吴江一地就有中共地下党秘密联络点20多处。夏明辉烈士在黎里以开

虎丘剑池

设"大同文具店"为掩护，建立中共淞沪地委吴江秘密联络点，发展共产党组织，开展革命斗争。新四军"江抗"部队夜袭浒墅关的胜利，极大鼓舞了广大群众的抗日斗志，该战斗也成为敌后抗日游击队的经典案例之一。铁铃关是典型的运河关隘，是苏州仅存的明代抗倭遗迹，这里是"打响苏州解放第一枪"的地方，见证了苏州解放的光辉历史。

漕河流淌处　江左最繁华

与陆路运输相比，水运虽然速度不快，但运载量大，是古代水网地区最重要的运输方式。作为大运河的一部分，宽阔的苏州护城河不但让苏州古城位置不易发生位移、从而保持其稳定性，而且沟通了城内外水系，奠定了苏州古城内部河街相邻的双棋盘格局，并形成了小桥流水人家的传统风貌，催生了享誉世界的苏州园林。

大运河开通后，苏州的交通运输条件得到极大改善，方便了与南北的贸易、交往，

盘门与大运河水系

苏州运河（祁金平　摄）

也成为漕粮的重要征集地和起运地，促进了经济社会的发展，成就了苏州人间天堂、东方水城的兴盛景象。尤其是明清时期，依托运输便利的大运河，南北物产汇聚于此，文化交流空前繁荣，太湖流域成为中国经济最发达的地区，苏州一府所交税赋，约占全国的 1/10。清代画家徐扬《姑苏繁华图》所描绘的苏州大运河上商船云集、两岸商铺林立，客商往来不断的场景，充分展现了当时苏州的繁华兴盛景象。清朝嘉庆二十五年（1820），苏州府人口增至近 600 万人，达到古代史上的顶峰。大运

《姑苏繁华图》（局部）

河还促进了近代民族工业的发展，苏纶纱厂、苏经丝厂、鸿生火柴厂等苏州民族工业企业，都兴建在大运河之旁。

隋唐以来，苏州运河市镇开始形成与发展，明清时期，苏州市镇发展如雨后春笋，出现了一批名镇、大镇。清末民初，近代轮船运输业发展，运河沿线市镇最先成为轮船航线主要码头及转运货栈，航线借此向周边小镇乡村辐射，密切了城乡联系，进一步促进了城乡经济交流与繁荣。苏州运河沿线著名的市镇主要有：东吴先主孙坚设立"御亭"的望亭镇、姑苏"绣乡"通安镇、"江南第一钞关"浒墅关镇、拥有全国最大米豆市场和寒山寺的枫桥镇、以"古驿渡口"闻名的横塘镇、吴地造船基地蠡墅镇、"江南鲈乡"松陵镇、"东方威尼斯"同里镇、"小枫桥"平望镇、"东方丝绸，衣被天下"盛泽镇等。

便捷的苏州运河水系，还催生了著名的洞庭商帮。这一商帮是明代全国四大商帮、清代全国十大商帮之一，成员主要居住于太湖东山、西山，他们沿大运河和长江水系走南闯北，贩卖棉布、大米等产品，发家后回老家营建大宅、造桥修路，促进了村庄的发展。苏州现有中国历史文化名村 5 个，中国传统村落 7 个，另有列入市级保护名录的古村落 17 个，控制保护古村落 14 个，大多集中在东山、西山一带。其中有先后被公布为中国历史文化名村的明月湾、陆巷村、三山岛村、杨湾村和东村。此外，甪里村、后埠村、堂里村、东西蔡村、植里村和徐湾村等村庄也被公布为苏州市控制保护古村落。

大运河苏州段

运河纤道桥

大运河是活态的，不仅是历史的，也是当代的，黄金水道至今仍发挥着巨大作用。其中，大运河苏州段是目前京杭大运河中船流密度最高、运量最大、运输效益最好的河段之一，2017 年船只通过量为 34.4 万艘，货物运量 1.79 亿吨，相当于 8 条沪宁铁路的年货运量，是苏浙沪地区大宗建材等物资的主要运输通道。

君到姑苏来　水城有仙境

大运河促进了苏州经济的发展，也为苏州孕育蔚为大观的物质文化遗产和非物质文化遗产创造了条件，让苏州形成了精细秀美的文化特质。目前，苏州共有市级以上文物保护单位 881 处，其中全国重点文物保护单位 61 处，省文物保护单位 127 处，市文物保护单位 693 处，涵盖桥梁、古纤道、驿亭、衙署、祠堂、会馆、园林、民居等类别。

各类物质文化遗产中，有两项被联合国教科文组织列为世界文化遗产。一是苏州古典园林，包括 9 个景点，即拙政园、留园、网师园、环秀山庄、沧浪亭、狮子林、艺圃、耦园、退思园；二是大运河遗产，苏州段包括 4 条运河故道（山塘河、上塘河、胥江、环古城河）和 7 个遗产点（盘门、山塘历史街区、虎丘云岩寺塔、平江历史街区、全晋会馆、宝带桥、吴江运河古纤道）。其中，盘门是

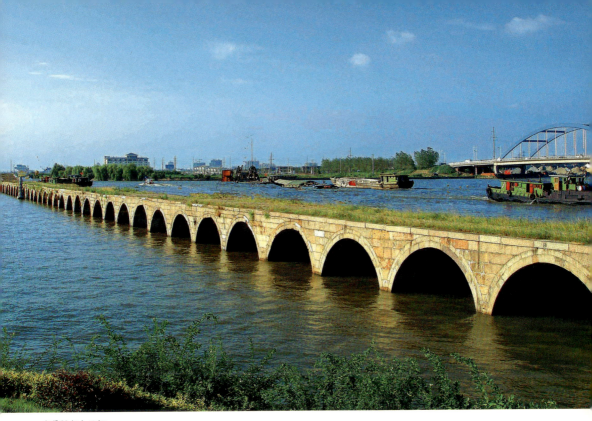

宝带桥与大运河

我国唯一保留完整的水陆并列古城门；山塘历史文化街区源自唐代诗人白居易率众凿河修路形成的"白公堤"，是一条千年水街；虎丘云岩寺塔建成于北宋初年，为苏州古城标志之一；平江历史文化街区至今保留着水陆并行、河街相邻的"双棋盘"格局，以及小桥流水人家的传统风貌，被誉为最具老苏州神韵的街区；全晋会馆是清代晋商在苏的聚会地，是我国南北经济、文化交流最佳实物见证；宝带桥始建于唐元和十一年至十四年（816-819），53 孔，全长 316.8 米，是我国现存最长的古代联拱石桥；吴江古纤道位于运河的西侧，始建于唐朝，元朝至正六年（1346）用巨石重筑，又被称为"至正石塘""九里石塘"，是大运河江南段唯一保存的古纤道。

列入世遗名录的大运河苏州段遗产，北起大运河与山塘河交汇处，南至京杭运河与太浦河交汇处，遗产区面积 6.42 平方公里，缓冲区面积 6.75 平方公里，再加上述区域外的古典园林，基本涵盖了文化概念上的苏州古城。

由于苏州是大运河上重要的物资集散地，通过运河，苏州融汇了各地特色物产、饮食服饰、风情民俗、官民礼仪等文化精髓，加上历代先民自身的聪明才智，形成了绚丽多彩的非物质文化遗产。这些非物质文化遗产，涉及民间手工艺、民间习俗、民间故事、民间表演等类别，其中民间手工艺最令人称道，不但历史悠久、门类众多，而且妙手辈出、佳作不绝、别具风格。自春秋时干将铸剑，至唐宋时期杨惠之以雕塑著称，明代蒯祥担任北京故宫"总工程师"，陆子冈为玉雕妙手，清末民初沈寿创仿真绣，可谓代有才人。精细雅洁是苏州民间手工艺的艺术特色，被誉为"苏作"、"苏工"。

明清时期，各地原料通过大运河源源不断运抵苏州，各地手工艺匠师也纷纷"苏漂"，苏州出现了众多手工艺专业生产和集市贸易街巷，多类手工艺品产量几乎占据全国半壁江山。如今，苏州仍有3000多种手工艺产品，涉及全国工艺11个大类中的10个，且蕴含丰富文化内涵，技艺上精益求精，精品琳琅满目，巧夺天工，驰誉海内外。目前，苏州拥有市级以上非遗项目180项，其中世界级（人类非物质文化遗产代表作）6项，国家级32项，省级124项。

世界级（人类非物质文化遗产代表作）包括被誉为"百戏之祖"的昆曲，以及古琴、苏州端午习俗（打包入选中国端午节）、苏州宋锦（打包入选中国蚕桑丝织技艺）、苏州缂丝（打包入选中国蚕桑丝织技艺）、苏州香山帮传统建筑营造技艺（打包入选传统木结构营造技艺）。其他非遗包括全国四大名绣之一的苏绣，还有玉雕、金银器、苏灯、苏扇、明式家具和小件、桃花坞木刻年画、文房用具、御窑金砖、苏州评弹、苏裱、船菜技艺等。

国家非物质文化遗产代表性传承人房志达在印刷年画

苏绣

苏扇

　　2014年12月，联合国教科文组织批准苏州作为"手工艺与民间艺术之都"主题城市，加入"全球创意城市网络"。根据国家《大运河文化保护传承利用规划纲要》，大运河主河道流经的县（区），为大运河文化带核心区，地级市为拓展区，省（市）为辐射区。因此，苏州的上述物质文化遗产、非物质文化遗产，都是大运河文化带的珍贵遗存，是灿烂的文化景观，不仅是苏州历史发展的见证，更是传承历史、继往开来的宝贵资源。

　　在大运河的滋养下，苏州逐渐成为人文荟萃之地。自隋唐至清末的1300多年间，全国共出文状元596名，其中苏州占了45名。如今，苏州又走出了百余名两院院士，状元、院士数量均居全国地级市之首，形成了苏州特有的"状元群""院士群"现象，各类专家学者更是不胜枚举。这些名人、专家学者，极大地推动了我国经济社会的发展，是大运河苏州段的另一种财富。

苏州博物馆

开放向未来　砥砺走前列

　　20世纪以来，公路、铁路等运输方式逐渐替代传统的水运份额，但水运依然不衰，大运河苏州段更是在创新中更显担当。近代以来，苏州段运河本就是重要的水运交通主要通道，改革开放以来，运河两岸更是孕育了苏州的众多开发区和新兴产业群。苏州工业园区、苏州高新区、吴中开发区和吴江开发区均依托运河而生。运河为苏州各开发区的迅速崛起提供了得天独厚的条件，也为苏州城乡经济发展提供了有力可靠的保障。

　　苏州的地区生产总值连续几十年居全国地级市之首，2019年为19235.8亿元，居全国大中城市第六位，运河沿线的国家级高新区和经济技术开发区积极营造符合产业转型导向的政策环境，促进产业高端化发展；优化布局结构，拓展发展空间；科技创新功能日益增强，层次能级不断提升，正在加快推动形成先进制造业和现代服务业双轮驱动的现代产业体系。良好的投资环境，在苏州大运河两岸，吸引了一大批国内外知名企业落户，也培育了一批实力超群的本土企业，恒力集团、盛虹控股集团、亨通集团跻身中国民企"千亿俱乐部"，均为中国制造业企业500强榜单企业，恒力集团和盛虹控股集团还上榜了世界500强。苏州的社会发展也走在全国

端午节赛龙舟

同里古镇退思园

前列。

　　苏州精神,不同时期、不同范围有不同的概括。在改革开放和"两个率先"进程中,苏州先后形成了以"张家港精神""昆山之路""园区经验"和"苏州城市精神"为代表的宝贵精神财富。其中,"张家港精神""昆山之路""园区经验"被合称为苏州发展的"三大法宝"(或被称为苏州的发展精神);"苏州城市精神"为崇文、融合、创新、致远。这些不同阶段产生和提炼的"精神",都为苏州发展提供了动力。新的发展时期,需要有涵盖整个苏州地区的"升级版"精神的引领。为此,2013年5月,苏州又确定了"崇文睿智、开放包容、争先创优、和谐致远"的16字"苏州精神",全面体现了苏州人的现实精神状态和未来发展要求。

　　在与大运河的和谐共生上,苏州很早就开始了探索。比如清朝乾隆二年(1737)苏州府在虎丘立下《永禁虎丘染坊碑》,勒令当地的染坊迁往其他地方,以保护山塘河水质,被誉为我国最早的地方水质保护法规。此外,山塘河一带许多桥梁上都刻有"放生官河""禁止采捕"之类的文字,一定程度上体现了古代苏州保护野生动物的理念。近年来,苏州更加重视大运河沿岸的生态建设和环境保护,通盘考虑运河保护与可持续发展的问题,全面协调利益相关主体,从整体上构建运河文化遗产保护及生态系统修复的规划体系及保障机制,谋求保护与经济、社会、文化、生态环境多方面的和谐发展关系,建立绿色低碳、可持续、有特色的大运河生态经济带。

苏州率先启动了《大运河保护传承利用实施规划》编制工作，完成了苏州大运河文旅基金的管理团队遴选、工商法人注册、首期出资到位、储备项目建库、投资调研等。按照2019年市运河领导小组会议部署，持续推进大运河文化遗产保护传承、航道航运提标升级、生态景观靓化提升、文旅融合精品塑造等"六大工程"32个重点项目建设，多个项目入选省级大运河地方政府专项债券支持项目。苏州市文广旅局（市文物局）完成瑞光塔、灭渡桥等多个遗产精密三维数字化建设。市生态环境局努力提升运河周边生态环境质量，加强运河断面水质监测，新增3个运河监测点位，运河申遗断面水质总体位于Ⅲ至Ⅳ类。吴江区桃源生态文旅项目、平望通运康养小镇项目建设也在稳步实施；吴中区在宝带桥附近建成并开放了吴中博物馆；苏州高新区加快推进蚕里街区项目建设，狮山广场项目入选省级重点文旅项目。苏州还全力打响运河品牌。成功举办江南运河文化论坛，国家、省有关部门领导、专家学者齐聚苏州，深入探讨江南运河的文化精髓和当代价值，形成并发布《江南运河文化保护传承利用苏州倡议》，为江南运河文化保护传承利用提供了强有力的智力支持。运河风貌变迁摄影展、运河碑刻展、主题书法展、"诗意大运河"全国油画作品展、新年健步走、"迎国庆大运河千人徒步行"等运河主题活动丰富多彩，广受欢迎，

苏州中心区

虎丘及环山河

运河文化试点学校建设广泛开展。

　　未来，苏州将继续深入挖掘大运河丰富的文化内涵，擦亮苏州历史文化名城的大运河名片，推动大运河文化带和国家文化公园建设走在前列、形成示范，为讲好苏州运河故事、把苏州段建设成为大运河文化带中"最精彩的一段"贡献智慧和力量。

（图文／徐苏君）

灯火阑珊的山塘街

平江河

盛泽莲云桥

虎丘二山门及云岩寺塔

拓展辐射带

联通江河湖海　泽润南北西东

　　"天下转漕，仰此一渠。"由于都城的变迁，大运河主干线屡有疏浚拓展，但江苏段始终处在中国大运河体系的中心。江苏省域因地形平衍、河流纵横、通江达海，主干线与支线组成的运河网络连接 13 个设区市，水运航道脉络通连，城镇街区星罗棋布，共同发挥航运、灌溉、分洪、排涝、供水等重要作用，因而形成与沿运河 8 市相连，包括南京、泰州、南通、盐城、连云港等市的拓展辐射带。

　　大运河江苏段的支线运河，长江以北有邗沟东道、洪泽新河、龟山运河、仪扬运河、新老通扬运河、串场河、盐河、通榆河、苏北灌溉总渠等；长江以南有胥河、破冈渎、上容渎、胭脂河、丹金溧漕河、伯渎河、锡溧漕河、锡澄运河、望虞河等；西起安徽芜湖、东到上海的芜申运河主要段落也在江苏境内。其中有的运河已经成为历史遗迹，而更多的运河至今仍在发挥航运功能。目前，江苏段大运河主线和支线的通航里程、航道运输量、桥梁数量、闸坝规模等，均超过历史上任何一个时期，成为新时代经济发展、区域振兴的重要基础设施。

　　大运河江苏段从北向南连通徐州、宿迁、淮安、扬州、镇江、常州、无锡、苏州 8 个设区市，沟通沂水、沭水、泗水、淮河、长江、太湖等水系。泰州、南通、盐城、连云港 4 个设区市经由通扬运河、串场河、通榆河、盐河、苏北灌溉总渠等河渠，南京历史上经由胥河、破冈渎、上容渎、胭脂河等河渎，都与长江沿线城镇相连相通。面向省外，大运河江苏段北通山东，南接浙江，经由支线运河和长江、洪泽湖等水体，东可出海，西达皖、赣、鄂、湘、渝、川诸省。

　　国家《大运河文化保护传承利用规划纲要》（以下简称《纲要》）规划范围覆盖江苏全境。《江苏省大运河文化保护传承利用实施规划》将国家《纲要》进一步细化，统筹考虑江苏流域文化特点和影响力因素，以主河道沿线 8 个设区市和南京、泰州、南通 3 个设区市中的 45 个县（市、区）为规划核心区，其余为拓展区。盐城、连云港 2 市为规划辐射区。规划实施期为 2019-2035 年，远景展望到 2050 年。江苏设定的目标是：2019-2025 年，大运河文化带江苏段建设基础全面夯实，文化遗产和生态环境立体保护格局基本形成，统筹管理长效机制运行良好，新时代大运河精神广泛弘扬，旅游品牌效应逐渐凸显；2026-2035年，大运河文化带江苏段建设进入提升阶段，运河文化浸入人心、生态环境根本改善、文化旅游品牌享誉世界，成为江苏高质量发展和基本实现社会主义现代化的亮丽名片；2036-2050年，全方位建成高品位的运河文化带、高颜值的绿色生态带和高水平的全域旅游带，大运河文化带江苏段作为国家重大战略支撑的引领作用彰显。

江苏省会南京是"六朝古都""十朝都会"，历史上的繁荣兴盛与大运河休戚相关。大运河与长江交汇，为国家漕运提供便利，在古代漕运体系中，南京的母亲河——秦淮河，其作用不容低估。孙吴政权开凿破冈渎、上容渎，西接秦淮河与南京相连，东接江南河与长江、太湖流域相通，规避了长江运输的自然和军事风险，南京借此与大运河江南段相连，成为东粮西运、商旅交通、军资调配、水利灌溉的枢纽。明初，南京是都城，朱元璋主导开凿胭脂河，太湖流域的运粮船经由石臼湖，通过胭脂河和秦淮河运抵南京。明成祖朱棣迁都北京后，南京仍保留南都和南直隶地位。明清时期，大运河基本畅通，物资源源不断运往北京。国家为保障大运河畅通，不断加大治理黄河、运河和淮河的投入，运河沿线百业兴盛、人口大增。南京地区的运河众多，通过大运河支线的开凿，南京处在长江、大运河、太湖等水系的交汇点上，对大运河体系的形成、发展和治理，起着不可替代的作用。

《江苏省大运河文化保护传承利用实施规划》在国家《纲要》江苏段楚汉文化、淮扬文化、吴越文化三大文化片区基础上，增加了金陵文化片区。金陵文化以南京为主，含镇江局部。历史上，南京通过长江、胭脂河、胥河以及破冈渎、上容渎与大运河水系相连，沿途受益的城镇还有湖熟、丹阳、延陵等。西晋末年中原政权南迁，中原文化与南方文化相汇融合，南京作为中国南方的政治文教中心，形成了兼具南北方特质的金陵文化。朱自清先生曾说，"逛南京就像逛古董铺子，到处都有时代侵蚀的痕迹。"江南唯一的皇家园林玄武湖以及夫子庙、秦淮河、江南贡院、龙江船厂等文化符号，诉说着"天下财富出于东南，而金陵为其会"的景象。金陵文化源头是"十朝都会"文化，包括以栖霞寺舍利塔、南朝石刻为代表的六朝文化；以明城墙、明故宫、明孝陵为代表的明文化；以总统府、中山陵和民国各类建筑为代表的民国文化。此外，还有独具特色的江宁织造、秦淮市井文化、南京云锦、白局、金陵刻经印刷等非物质文化遗产。

南京科教文化传统深厚。六朝在世界科学技术史上有着浓墨重彩的一笔。曾在建康（今南京）任谒者仆射的祖冲之，是杰出的数学家和天文学家，他将圆周率精算到小数点后七位数，该纪录1000年后才被阿拉伯数学家打破；他创制的"甲子元历"是当时世界上最先进的历法，为后世的科学研究提供了正确的算法。明代时期，南京国子监是全国两大官方文化出版机构之一，著名的百科全书《永乐大典》由其抄编成书，影响力超过北京国子监。明代医药学家李时珍的《本草纲目》也首先在南京编辑出版。千百年过去，南京城市旧貌换新颜，但科教传统却一脉相承。近年来，南京率先提出"四新"行动计划，力促智慧城市建设。新基建、新消费、新产业、新都市等涉及总投资5454亿元的346个新基建及其关联项目，正在将智能产业孵化成为南京城市发展的新支柱，科创文化蔚然成风。

大运河江苏段有一条重要的支线——通扬运河，其主要功能是盐运。通扬运河的历史可以追溯到西汉时期吴王刘濞开凿的茱萸沟，西起扬州，东至海陵仓（今泰州市区）以及如皋通扬运河（串场河前身）沿海场灶，有盐运河、运盐河、南运河、南官河之称。吴王刘濞将淮南盐场的盐通过茱萸沟运到扬州，然后转输各地，"以故无赋，国用饶足"。后来，随着南通市区一带变成陆地，运河也向东南延伸，流到南通城下与长江相通。清宣统元年（1909）改称为通扬运河，全长150多公里。1958年，为引江水灌溉和抽排里下河地区涝水，在通扬运河北面又平行开凿了一条新河渠，至海安北连通榆河，这条河道于1969年贯通，被称为新通扬运河，原来的运河则被冠以"老通扬运河"。新老通扬运河虽然是区域性的运河，但是大运河江苏段的重要组成部分，泰州、南通、盐城、连云港主要通过这一内河体系连接大运河。运河与海洋相系，进一步拓展了江苏城市和河流的发展空间。

老通扬运河在泰州市境内的遗址最长，位于蜀冈余脉上，是江淮东部长江水系与淮河水系的分水河。河的南侧为滨江冲积平原，河的北侧地势低洼形若锅底，至今南侧水位仍比北侧水位高1–3米。在古代，通扬运河通过河上堰坝控制南来的长江水系，自身又作为淮河入海水道分泄北来的客水，以保证低洼地区不被水淹。经典遗址段落包括泰州城的护城河——凤城河，姜堰段、泰兴段运河，以及稻河、草河等，部分与隋文帝时期开凿的"山阳渎"重叠，有丰富的历史、文化和艺术价值遗产资源。泰州城市空间布局很有特色，"水城一体、街河并行、主干道十字相交、街巷排列有序"，体现了深厚的地方文化底蕴。历代的运盐线路均围绕古运河，逐渐形成密集的盐运河道网络，有据可查的就有29条之多，里下河地区的千垛菜花、溱湖湿地、沙沟古镇均分布在其周围，运河沿线"船满河、盐满仓、人鼎沸、市喧哗"，吴楚文化的奇丽一览无余。由于身处区域要冲，泰州自古以来英雄辈出，中国人民解放军海军诞生在此，陈毅三进泰州、岳飞抗金、文天祥抗元等故事广为传颂。

老通扬运河连接大运河主航道，共同构成了通江达海的国家命脉，承载了一部运河盐税史。"天下盐税、两淮居半，两淮盐税、泰州居半"，两淮盐场主要在江苏，占全国盐产量的 40% 以上，盐城、扬州、淮安都是主要的集散地，泰州更是"因盐而生、因税而兴"。明清时期，两淮盐运司虽然迁至扬州，但泰州盐运分司仍然三分天下有其一，辖有富安、安丰、梁垛、东台、何垛、丁溪、草堰、小海、角斜、栟茶 10 个盐场。清代著名的盐民诗人吴嘉纪是泰州盐运分司安丰场人士，泰州学派的三驾马车王艮、朱恕、朱杌，均出自安丰场和草堰场。因盐而兴的泰州名贤辈出，留下了"州建南唐、文昌北宋"的辉煌，"儒风之盛，冠冕淮南"。唐代的书法理论家张怀瓘，北宋的教育家胡瑗，元末盐民领袖张士诚，明代"五朝元老"高谷、内阁首辅李春芳，文学家"后七子"之一的宗臣，当代京剧艺术大师梅兰芳，是其中的杰出代表。

通扬运河最东端是南通，一座兼具古代盐运繁荣和近现代工商业文明的城市，盐业从西汉发轫，历代延续不绝。南通博物苑是第一座由中国人独立创办的公共博物馆。1903 年民族实业家张謇到日本进行为期 70 天的考察，对作为学校教育补充的博物馆印象深刻。回国后他在家乡南通依靠个人力量，率先做出示范。由此，便有了 1905 年南通博物苑的诞生。2020 年 11 月习近平总书记到南通考察调研，嘱咐要把南通博物苑和张謇故居作为爱国主义教育基地，让广大民营企业家和青少年受到教育。馆藏文物"唐东海徐夫人墓志"拓片上"司煮海积盐，嵯峨山岳，专漕运、副上供"的记载，说明五代时期，南通的海盐已经通过大运河的漕运体系，运送到全国各地。公元 838 年，日本遣唐使从如东国清寺坐船前往长安，高僧圆仁详细记录下使团目睹的运河风景。当代学者考证，圆仁途经从蟠溪延伸通达海边的掘沟运河、运盐河（老通扬运河的前身），后转入大运河主航道，国清寺见证了中、日两国使者通过海上丝绸之路建立友好关系的历史进程。古运河多有疏浚拓展，南宋时期，两淮制置使组织开凿由通州入金沙场、余庆场的运盐河（通吕运河前身），总长 20 公里，大大节省淮盐产区的运盐成本。一时间"舟船迤逦、一河渔火、十里歌声"，南通以运盐河为主干的水系四通八达，成为贯穿中国主要盐场的盐运大动脉。海安、如皋、港闸等地区，留有邗沟东支遗址、古城池、水绘园等大量的古遗址和传统园林，沿线民居、寺庙、古镇、历史街区、水工设施、盐垦遗产等，组成了南通丰富多样的大运河文化遗产。

南通是中国民族工商业的发祥地之一。通扬运河通江达海，给南通带来现代文明。运河边上的唐闸古镇，是南通作为中国近代第一城的发轫之地，因唐姓士绅在此建闸而得名，内河外江水运便捷。东岸的汤家巷，保留着大片古民居，唐闸印象馆、南通板鹞、蓝印花布、梅庵琴派等非遗技巧传习基地，展示着当地悠久的历史文化传统。西岸以大生纱厂钟楼为中心，旧厂房、仓库、工房、办公楼兼有的近代工业遗产，是民国初年江苏沿海、沿江工商业兴起的一个缩影。19世纪末20世纪初，爱国实业家张謇在紧邻运河的唐闸，集股现银60万两，创办大型棉纺织企业——大生纱厂，后又陆续兴办了榨油、磨面、冶铁、蚕桑等一系列附属实业。同时，利用运河水道，创办大达内河轮船公司，经营内河航运，开水利航运之先河。大生工业集群的成功发展，与当时上海成为东南沿海的海运中心，水运资源主要向上海及其周边地区集中有关。南通与上海一江之隔，地理位置优越，商业氛围浓郁，水陆交通便利。南通、无锡等上海周边运河城市开始涌现出以张謇为代表的一批早期民族实业家，他们主张实业救国、学习西方、更新观念，推动了中国传统社会早期的现代化进程。

盐城地处里下河的腹地，有"百河之城"的美称。明清以来，盐城是大运河减泄入海的重要通道，政府多通过在大运河东堤设置闸坝，将多余的河水减泄入海。主要通道一则通过马家荡经虾须沟、射阳河入海，一则经由里下河东西向河湖水道汇入串场河，过石礴、天妃、草堰、白驹等闸，从王家港、斗龙港、野潮洋等港口入海，减泄水源归海处都在现今盐城境内。盐城也成为大运河与海洋间转输的重要交通节点。明清时期，商人进行南北货物转运，除沿着大运河行进外，也海路、运河并用，盐城是通道上的重要节点。南方商人北上至山东、北直隶以及辽东地区，先经过大运河行至高邮、宝应等地，然后经由里下河地区的诸多水道至庙湾缴纳关税后，入海北上。海运的南下货物，也是经由射阳河口到庙湾报关后，由里下河诸水道进入大运河，南下分销。明、清两朝，庙湾坐享转输之利，商船往来如织，商业繁华兴盛。

连云港是大运河体系中海洋与内陆的交汇点。虽然不在大运河边，但通过盐河与大运河紧密相连，海上丝绸之路和陆上丝绸之路也随之相通。历史上，"黄海北路"被称为"陶瓷之路"。这条线路是从扬州经运河运至淮安，再经过海州等地中转，最后到达日本半岛和朝鲜半岛。扬州是当时的陶瓷集散中心和丝路的源头，海州（连云港）则是丝绸之路黄海北路的一个重要中转站，天下名瓷集海州。有学者研究认为：大运河修建之前，中国外销陶瓷一直是从海州出海的，大运河修建之后，才改走扬州。隋唐时期，国家经济繁荣，海州（连云港）呈现文化的东西交流，兼辐射南北的盛况，成为海上丝绸之路东海航线的重要起点。新罗僧人到中国的求法活动，随着两地频繁的海上交往而兴起，在世界佛教交流史上占据重要的地位。如今，苏北沿海遍布着当年新罗人活动的遗迹。

历史上，大运河在江苏境内，通过隋唐宋时期的通济渠故道盱眙一线连通安徽运河段，通过元明时期的古黄河徐州段连通河南运河段，通过清代开通的京杭运河邳州一线连通山东运河段，通过江南运河连通浙江运河段，通过盐河将中原文化、齐鲁文化、楚汉文化、淮扬文化和陆上丝绸之路、海上丝绸之路有机串联。

与天然河流不同，运河是人工河道。开凿运河，由被动治水走向主动兴修水利，是人类文明进步的重要标志。大运河江苏段由众多经常变化的短运河组成，代表着中华儿女不同时代的需要、梦想、意志、智慧和使命。它改变了江苏境内天然河流的分布，自然之河与人工之渠交织，形成了空间范围广阔的内河航运网络，拓展了水路运输的范围。历史上，大运河江苏段线路曾经发生许多曲折复杂的演变，河道的疏浚、开凿和治理过程，见证了前人探寻新世界、寻求发展，或为了更好地生活变"水害"为"水利"，造福民生的伟大斗争。不同地段地理特征不同，开凿运河所需的水工技艺大相径庭，治水、漕运、水利开发工程设施有较高的技术含量，开源、蓄水、洪沙等诸多水利难题的破解，闪烁着古代的治理智慧。淮安段的清口水利枢纽，借用自然之力，在水系格局极为复杂的情况下，以束水攻沙、蓄清刷黄的办法，保证了漕运畅通。新中国治运、治淮，在大运河与苏北灌溉总渠交汇处建设淮安水利枢纽，改变了"水往低处流"的自然法则，运河水与淮河入海之水交叠而行，船闸调节高高低低的水系，形成水上立交的壮丽奇观。

美国学者施坚雅观察中国运河城市，曾经写道："与大运河有直接水系联系的地区发展水平明显高于没有水系联系、支撑的地区。大运河流域再没有闭塞僻壤，它以极强的通气性、渗透性和吸附性，泽被滋润所有的田野、村庄、城镇、市衢……凡水珠溅及的地方，一年又一年，涌动辽远而温馨的波浪，田塍、炊烟、节日、五谷，漫漫水声深处，希望静静升起，弥散自身光芒，将无声的岁月敲响。"这些诗一般的语言，对大运河的沟通、交流、贯通和融合作用，以及民生百态做了形象的描述。

大运河不仅仅是祖先留下的宝贵遗产，更是江苏人民的"母亲河"，在开启全面建设社会主义现代化建设的新征程上，将一如既往滋养着沿线人民。大运河除了承载小桥流水、枕河人家、青砖黛瓦等千年景致和无数动人的故事，还在航运、南水北调、水利灌溉、城市生活、美丽乡村、生态环境、文化生活等方面，发挥着重要的功能，如同中华文化生生不息，从古至今，书写和延续着"致富河、幸福河"的千古传奇。

中山陵（沈 旻 摄）

高淳胥河

天生桥套闸

溧水胭脂河

凤城湖

溱潼会船

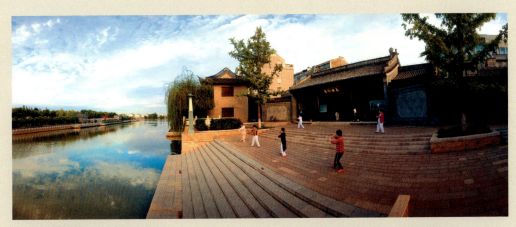

泰州泰坝监掣官署遗址（李 浩 摄）

崇儒祠

海军诞生纪念地纪念馆

南通博物苑

如皋健康桥外城河宝塔鸟瞰

如皋水绘园鸟瞰

大达内河轮船公司

大生码头（王俊荣　摄）

流经盐城市区的串场河（葛为砥 摄）

盐城境太平洋西岸最大滩涂湿地（陆军 摄）

大丰郁金香（杨迎 摄）

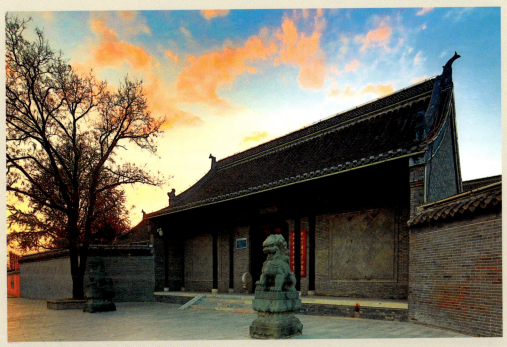

新四军重建军部旧址——盐城泰山庙（徐行　摄）

盐城市区陆秀夫古祠（俞文鸿　摄）

灌云潮河湾

大美连云

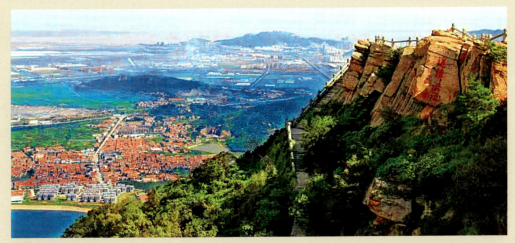

花果山遥镇洪流碑岩

大浦湿地

沂河水暖

摄影：王统库

编 委 会

主 任

黄莉新

副主任

杨 岳　周健民　朱晓进　洪慧民　麻建国　阎 立
胡金波　周继业　王荣平　胡 刚　姚晓东

委 员

刘以安　黄继鹏　杨 峰　张 骥　金建明　邵建东
谢 波　周敏炜　王安顺　白云萍　周伟强　黄巍东
王加培　戚寿余　李 驰　陈 扬　李国忠　卢佩民
王 益　杨 桦　刘爱华　于 阳　朱绍云　陈 宏
郝星辰　蔡建国　周毅之

图书在版编目（CIP）数据

江苏大运河文化名片 / 政协江苏省委员会编. -- 南
京：江苏凤凰美术出版社，2021.1
ISBN 978-7-5580-8384-6

Ⅰ.①江… Ⅱ.①政… Ⅲ.①大运河 – 文化史 – 江苏
– 摄影集 Ⅳ.①K928.42-64

中国版本图书馆CIP数据核字（2021）第003556号

书中未署名图片、资料，由江苏省大运河文化带建设工作领导小组办公室、大运河
文化带建设研究院、省基础地理信息中心、各设区市政协等提供，在此一并鸣谢！

责任编辑　孙雅惠
特邀编辑　刘跃清
助理编辑　王　超
责任校对　吕猛进
责任监印　生　嫄

书　　名　江苏大运河文化名片
编　　者　政协江苏省委员会
出版发行　江苏凤凰美术出版社（南京市湖南路1号　邮编：210009）
出版社网址　http://www.jsmscbs.com.cn
制　　版　南京新华丰制版有限公司
印　　刷　南京爱德印刷有限公司
开　　本　718mm×1000mm　1/16
印　　张　15.75
版　　次　2021年1月第1版　2021年1月第1次印刷
标准书号　ISBN 978-7-5580-8384-6
定　　价　88.00元

营销部电话　025-68155792　营销部地址　南京市湖南路1号
江苏凤凰美术出版社图书凡印装错误可向承印厂调换